U0063402

新世紀叢書

當代重要思潮・人文心靈・宗教・社會文化關懷

經典名著

群眾運動聖經

當希望和夢想在街頭洶湧澎湃的時候

The True Believer

Thoughts on the Nature of Mass Movements

《狂熱分子》

Eric Hoffer 賀佛爾 ◎著

梁永安◎譯

人要求偉大，而又看到自己渺小；
人要求幸福，而又看到自己可悲；
人要求完美，而又看到自己充滿缺陷；
人要求能成為別人愛目與尊崇的對象，
而又看到自己的缺點只配別人的憎惡與鄙視。
他發現自己所處的這種尷尬，
便產生出一種可想像中最不公正和最易作奸犯科的激情，
因為他對於那譴責他和讓他認識自己缺點的真理，
心懷切齒痛恨。

——巴斯卡《沉思錄》

他們又拿石漆當灰泥。

——〈創世紀〉第一一章

【本書相關評論】

如果你想對狂熱份子的心靈驅力與群眾運動的力學有一簡潔的理解，我也許可以建議你花一個傍晚把賀佛爾讀一讀……在此書出版十五週年的今天（一九六六年），書中的見解對理解世界又變得那麼具有高度相關性，可說是個罕見的巧合。

——**麥克多諾**（JohnMcDonough），**《華爾街日報》**（*Wall Street Journal*）

（編按：本推薦文寫於一九六六年，在二〇〇四年的今天仍然適用。）

《狂熱份子》閃耀著冷雋的機智，滿是一針見血的比喻……它是一帖澀口而來勁的醒神劑。

——**《紐約時報》**（*New York Times*）

這個對群眾運動精采與獨到的探討，是對我們社會思想的扎實貢獻。

——**小史勒辛格**（Arthur Schlesinger Jr.）

它探討的是政治狂熱，文筆鋒利，見解精采。

——**《紐約客》**（*The New Yorker*）

狂熱份子

【目錄】本書總頁數共304頁

〈序言〉／賀佛爾（Eric Hoffer）

狂熱份子的心靈

本書探討的是群衆運動共有的一些特徵，不管那是宗教運動、社會運動，還是民族主義運動。我並不是要主張這些運動都一模一樣，而只是想指出，它們所共有的一些特徵讓它們長得像一家人。

所有群衆運動都會激發起其追隨者赴死的決心和團結行動的意願；不管它們宣揚的主張或制定的綱領爲何，所有群衆運動都會助長狂熱、激情、熱望、仇恨和不寬容；所有群衆運動都能夠從生活的某些部門釋放出強大的動能；它們全都要求信徒盲從和一心一意效忠。

不管彼此的主張與目標有多麼南轅北轍，所有群衆運動都是從同一類人中間吸收最早的追隨者，而它們能吸引到的，也是同一類型的心靈。

儘管在狂熱的基督徒、狂熱的穆斯林、狂熱的民族主義者、狂熱的共產主義者和狂熱的納粹份子之間有顯著不同，但鼓動他們的那股狂熱，卻可以視爲同樣的東西。驅策他們去擴張和控制世界的那股力量也是相同的。在各種類型的獻身、信仰、權力追求、團結與自我犧牲中，存有著某種程度的一致性。不管兩件神聖事業的內容和教義有多麼歧義，會讓它們發生效力的因素仍有某種程度的一致性。讓巴斯卡（Pascal）①這一類深諳基督宗教教義何以能發揮效力的人，一定也會明白共產主義、納粹主義或民族主義的效力何在。儘管人們會爲千差萬別的神聖事業赴死，他們說不定都是爲同一件事情而死。

本書探討的主要是群衆運動中的一個階段：積極階段（active phase）。這個階段的群衆運動是由「忠實信徒」（true believer）所控制，而所謂的「忠實信徒」，是指具有狂熱信仰，準備好隨時為一件神聖偉業犧牲的人。本書會嘗試追溯這類人的起源和勾勒他們的人格特質。為了幫助實現這目的，我們會採行一些假設。基於所有群衆運動的初期追隨者都以失意者（the frustrated）②居多，以及失意者一般都是自願參加群衆運動的事實，我們提出兩個假定：㈠即使沒有外來的煽動遊說力量，失意感本身即足以產生「忠實信徒」所特有的大部份人格特徵；㈡煽動遊說技巧是否奏效，端視其能否誘發和強化失意者所特有的那些心理和行為傾向。

為了測試這些假設的有效性，我們必須探究「失意者」的心理，看看他們受到的是什麼困擾和如何回應這些困擾；其次，我們必須探究「失意者」對困擾的反應方式和「忠實信徒」的行為相似的程度。最後，我們必須拿當代的群衆運動作為實例加以考察，看看它們所使用的煽動遊說手段，是否專事在其追隨者中間激發一種失意者的心理狀態，又是否可以從這種做法中牟利。

在這個時代，我們大部份人都必須對「忠實信徒」的動機和心理有一些認識。因為我們的時代雖是無神的時代，卻不是無信仰的時代。「忠實信徒」無處不在，他們昂首闊步、列隊前進，要透過勸說和激烈手段，按他們的形象揑塑世界。不管我們是打算加入他們還是反對他們，都應該盡所能多了解他們的特質與潛勢。

爲謹愼起見，在這裡再補充一語大概不是多餘的。當我們說所有群衆運動長得像一家人的時候，我們是在分類學的意義下使用「家」（family）這個字。分類學上，番茄與龍葵屬於同一科（family），也就是茄科。儘管番茄營養豐富而龍葵有毒，但它們在形態學、解剖學和生理學上卻多有相似之處，以致即使非植物學家也可以感受得到它們像一家人。我說各種群衆運動有很多相似特徵，並非暗示它們都同樣有益或有害。本書既不作價值判斷，也不會表現愛惡。本書只嘗試去解釋，而這些解釋——它們全都是理論——是以建議和論證的方式提出來的，哪怕我的口吻有時看似斬釘截鐵。沒有任何話比蒙田（Montaigne）所言更能道出我的心聲：「我要說的一切都是透過論述，而非透過說教。如果我的目的是說服別人，話就不會說得那麼滿。」

註釋

①〔譯註〕法國十世紀數學家、哲學家，著有《沈思錄》（*Pensées*）等。賀佛爾在本書中多次徵引他的警語。

②本書並不是把「失意者」一詞當作臨床術語使用。我們用它來指那些出於各種原因而認爲自己人生敗壞了或浪費了的人。

/立緒文化編輯部

碼頭工人哲學家——賀佛爾其人及其書

賀佛爾（Eric Hoffer, 1902-1983）的一生是個傳奇，他終身從事碼頭工人搬運工作，直至退休。

他七歲失明，十五歲復明，父母早逝，靠自學成就學問，一九六四年成爲加州柏克萊大學政治科學高級研究員。但他仍喜歡碼頭搬運工作，他的許多思維，都是在那個環境中獲得啓發。因此被稱爲「碼頭工人哲學家」（longshoreman philosopher）。

賀佛爾都是利用工餘時間寫作，一生寫出超過十本作品，*The True Believer*（本書名爲《狂熱份子》）是他第一本書，於一九五一年出版即被譽爲是社會科學領域的經典之作，風格猶如十六世紀散文家蒙田。《紐約客》則將其與十七世紀的法國古典作家拉羅什富科公爵（Duc de La Rochefoucauld, 1613-1680）相比擬。其他的批評家也盛讚這本書的冷雋機智與一針見血的比喻。至今，其名言佳句仍不斷被引用、輯錄。在初版的短期內即行銷五十萬冊以上，被譯成十餘種語言，是當時許多大學政治系必讀之書。艾森豪總統還大量買來送人，並公開引用他的文字（不過賀佛爾對此舉卻說：「這表示每個小孩都念得懂這本書」）。

關於《狂熱份子》這本書，我們可以從它的原書名《忠實信徒：論群眾運動的特質》（*The True Believer: Thoughts on the Nature of Mass Movements*）談起。副題清楚說明，此書的主旨是分析群眾運動的特質。對「群眾運動」一詞，賀佛爾採取最廣義的理解，舉凡政治運動、革命運動、社會運動、宗教運動、民族主義運動，無所不包，所以你看到他用來舉證和議論的例子包括了宗教改革、清教徒革命、早期的伊斯蘭教、初期的基督宗教、納粹主義、共產主義、法國大革命、太平天國、印度獨立運動、猶太復國運動，林林總總，不一而足。正因爲採取這種宏觀視野，讓賀佛爾可以發別人所未發，把極紛紜的現象作爲一個整體來把握。正如他在本書卷首開宗明義說的：「本書探討的是所有群衆運動共有的一些特徵，不管那是宗教運動、社會運動，還是民族主義運動。我並不是要主張，這些運動都是一模一樣，而只是想指出，它們所共有的一些特徵讓它們長得像一家人。」

但又何謂「忠實信徒」？就是指作爲群衆運動的中堅的追隨者。他們狂熱相信自己的信仰、主義絕對正確，而其他人的信仰、主義則絕對錯誤。很多群衆運動能夠發揮摧枯拉朽的力量，正是來自其追隨者這種確切不移的信仰。他們所以能夠無比堅定不移，力量亦是源自於此。他不會因爲危險卻步，不會因爲障礙重重氣餒，不會因爲有反面證據而困惑，因爲他根本否定有危險、障礙和反面證據的存在。誠如法國哲學家柏格森（Henri Bergson, 1859-1941）所說，「信仰的力量不表現在能支使人移山，而在於能讓人看不到有山要移。」

但什麼人比較容易成爲狂熱的「忠實信徒」？群衆運動一般是透過哪些方法讓人成爲「忠實信徒」？「忠實信徒」除狂熱以外，又會表現出什麼其他心理傾向?這些,都是《狂熱份子》著力剖析的重點。

賀佛爾會思索狂熱份子和群衆運動的題材並不奇怪。二十世紀前半葉就是一個群衆運動風起雲湧的年代,前有俄國的共產革命、德國的納粹運動和義大利的法西斯運動,後有亞、非洲各國的民族獨立運動。不過,令他終身思索這個課題不懈的,還有另一層重要原因:他大半輩子都是和那些最適合當狂熱份子的畸零人生活在一起的。他對群衆運動的思考,大都是從生活中觀察而來。

要說賀佛爾探討群衆運動,還不如說他在探討人性。例如:「無私者的虛榮心是無邊無際的」、「愈作不好一般事情的人,就愈膽大妄爲」、「當我們在一個群衆運動中喪失了自我獨立性,我們就得到一種新自由——一種無愧無疚地去恨、去恫嚇、去凌虐、去背叛的自由。」

又如,他與柏克萊那些大學生們的接觸,使他了解「今天願意創造歷史的只有那些年輕人」。一九六四年,柏克萊校園學生爭取言論自由,學生喊出:「我們不要研究歷史,我們要創造歷史」。

賀佛爾發現,在某種程度上,成人在面對環境的大轉變時,其心態猶如少年人，都是一種無著落的人，前途茫茫，爲了生存，都必須在某種意義上死亡然後再生，其與群衆運動中的狂熱份子心態同質。人不癲狂枉少年，其實都是一種冀望毀滅之後的再生。

賀佛爾也觀察到，每一個群衆運動在某一種意義下都是一場移民，追隨者會覺得他們正向一片應許之地邁進。那些在一個群衆運動初起時會急急投入的人，往往也是樂於得到移民機會的人。

由於與勞工生活在一起，賀佛爾發現美國一般的勞動群衆是相當優秀的，他認爲美國是由佔總人口數六〇%的勞動民衆所創造的，但是他從未看過有哪一本書談過他們。他對於當時自命清高的知識份子，反而不信任。

賀佛爾認爲我們大部份人都必須對「忠實信徒」的動機和心理有一些認識。「因爲我們的時代雖是無神的時代，卻不是無信仰的時代。這些『忠實信徒』無處不在，他們昂首闊步、列隊前進，要透過勸說和激烈手段，按他們的形象捏塑世界。不管我們是打算加入他們還是反對他們，都應該盡所能多了解他們的特質與潛勢。」

《狂熱份子》這本研究群衆運動的聖經之所以風行半個多世紀，對理解今日世界的處境仍然貼切適用，是否正因爲人們失去了自我，使得歷史一再重演？

✤

賀佛爾一九〇二年出生於紐約市，雙親是自德國移民而來的猶太人，父親從事木工。七歲那一年，賀佛爾碰到兩件傷心事，一是母親逝世，一是雙眼莫名其妙地瞎了，從此由女僕瑪爾莎照顧。因爲這件苦難，他從未進學校或受過正規教育。

十五歲那年，他的眼睛又莫名其妙好了。從此，他如飢似渴地閱讀，每天八到十個鐘頭——部份原因是他總認爲他隨時會再瞎。這種閱讀的熱忱，終身不輟。

他家附近有一家舊書店，在三年之間，他幾乎把裡面的書讀完了。書店的主人對植物學特別感興趣，這方面的藏書特別多，賀佛爾在植物學方面的知識也因此非常豐富。

不過，賀佛爾第一次到那家舊書店時，立即吸引他注意的書是杜思妥也夫斯基的小說《白癡》。因為在他失明後不久，父親說過一句話：「對這樣一個白癡孩子，我怎麼辦？」這本小說他讀過十幾遍，每次都發現新的意義。在那裡他讀了拉格諾夫、哈姆生和已為人忘卻的德國作家瓦薩爾曼。他喜歡讀小說，從小說裡，能獲得那些他從未經歷過的生活知識，如法國的鵝肝醬、閨房和有香檳酒的早餐等等。

賀佛爾的父親在一九二〇年逝世，但他對一九一九年女僕瑪爾莎離美返德之事卻印象更為深刻。他後來雖從未寫信給瑪爾莎，也不知道她的情況，但有近二十年的時間，他對瑪爾莎的感情比對任何人都要深。父親在瑪爾莎走後第二年去世，他的感受是：「我自由了。」瑪爾莎曾說，賀佛爾家人都是短命的，所以他應該也活不過四十歲。那一年他十八歲，認為生命已過了近半，不認為自己有何前途可言。父親留給他約三百美元，便決心到加州去，因為那是窮人去的地方。「我買了到洛杉磯的巴士票，在貧民區下車，一住十年。所以你可以說我是直接從育嬰室走向貧民窟的。」

起初賀佛爾只是讀書，什麼都不做。等父親留下的錢用光，便到處打零工果腹。二十八歲那一年，他不知不覺起了自殺的念頭。其原因我們無法盡知，但也許是因爲相信自己四十歲就會死，多活幾年又有什麼意思呢？但這次自殺並未成功，原因是那瓶果酸毒藥味道太壞了，一進口像針刺舌頭般吐了出來。這事件結束他在貧民區的生活。他覺得自己到了一個生命的轉捩點，決定離開洛杉機。

與窮人一起的生活經驗，使他認爲弗洛依德的精神壓抑之說，在他們窮人世界中是不存在的，他說：「我們這裡的人只有金錢的煩惱，沒有精神病，要是他們有精神病的話，那是一種金錢可以治好的病。」

在貧民區的一段日子他已懂得，希望並不是生命可以寄託的東西：假如你不能在沒有希望的情況下生活下去，那你的腳就踏不到實地了。歌德說過一句話：「喪失了勇氣，便喪失了一切。」在本書中，賀佛爾說過，會被群衆運動吸引的，一般都是那些缺乏內在資源、沒有了希望就活不下去的人。這個觀點的雛型早在他洛杉磯貧民區居住的時代就成形了。

✤

緊接著十年，也就是整個三〇年代，賀佛爾主要在農場打零工。他會和其他散工——大蕭條的失業者——從南加州的帝國谷（Imperial Valley）出發，隨著一種穀物的分區漸次成熟，向北慢慢移動，直到北加州的沙加緬度（Sacramento）田野。冬季，到附近山溪去淘金，工作三個月，大概可以淘得三百元的金子。賀佛爾從未想要去過更有保障但卻更多約束的工廠生活。

賀佛爾在其流浪歲月中，獲得了某些關於個體人或群衆人的觀念。例如，他認爲歷史是畸零人創造出來的理論，就是在一處聯邦政府所設的失業流動散工收容所裡領悟到的。收容所裡有兩百人，賀佛爾發現那些人一半以上有心理或生理上的某種不健全。在這以前，他從未想到自己屬於某個社會群體，但這時卻突然發現自己和收容所裡其他人屬於同一類型——都是社會所不要的人。

「我們大部份都不能夠從事固定的工作。不能自律，不能忍受單調、無意義的工作。」賀佛爾覺得奇怪，這些人並不比一般人低能，他們也頗能容忍，心懷善意，若有機會，難道不能有所成就？

幾星期後，他徒步走過一片不毛之地時，得到了答案。他想到如果讓收容所裡那些人來這裡拓荒的話，每個人都可能很高興。事實上，拓荒者不就是一些畸零人嗎？除少數眞正喜歡冒險的人以外，拓荒者不都是些不能從事固定工作的人、酒徒、賭徒、逃犯和爲社會所摒棄者嗎？「如果有機會……他們會成爲忙碌的實行家……而一旦嘗過有所建樹的滋味，他們又會想建樹更多東西。」

賀佛爾明白這些流浪者和畸零人可以變成拓荒者，但也可能轉向另一條負面之路。例如，在德國和義大利，就有成千上萬的人用參加群衆運動的方式來洗淨他們「不良份子」的身份。在賀佛爾看來，三〇年代的歷史大部份是由這些畸零人締造的，他們把生命奉獻給歷來最專制暴虐的人物，如希特勒、墨索里尼和史達林。

✤

賀佛爾開始嘗試寫作，是拜一個他心儀的作家所賜。「蒙田使我愛好詞章，在未讀蒙田的散文以前，我從未想到過要寫東西。」賀佛爾所寫的東西，的確和蒙田的近似：簡潔而有韻律，有時雜以警句，但並無閒散之筆。他的長處是敢於作大膽而明確的概括，直搗問題核心。他的每一句話都經過長時間的剪裁鍛鍊，組織成爲一篇精闢而有份量的文章。

他與蒙田的邂逅純屬偶然。有一次，他又要到山裡去淘金。「出發之前，我知道大雪一來就會被困在山裡，便在舊金山一家舊書店買了一册厚厚的書。我不管那是什麼書，只要頁數多就行。我找到一本，封面已經不見了，作者的名字我聽也沒聽過。那書就是蒙田的《隨筆集》，是十七世紀的英譯本。被雪困住的那些天，我把那本書讀了三遍。啊，我多麼愛蒙田的文字！我深深地領會到他怎樣雕琢每一句話。我生平第一次想到我也許可以寫出類似的東西。我從山上下來以後，便到聖華金河谷採棉花。我總是帶著蒙田那本書，並隨時引用他的話。到了後來，那裡的工人一碰到問題，便會跑來問我：『蒙田的意見怎樣？』」

在其他流動散工眼中，賀佛爾一定像個怪物。他生性孤獨，不喜歡和別人過分親熱，一有空便跑到圖書館看書——差不多加州所有小鎮圖書館的圖書證他都有。可是他又時常覺得必須找人談話，傾吐滿腹學問，找那些工人來聽他引述蒙田的話（後來又加上了巴斯卡〔Pascal〕的話）。

✤

賀佛爾顛沛流浪的生活一直維持到一九四一年。第二次世界大戰爆發後，他想要從軍，卻因爲患有疝氣而被拒。他轉而尋求別的方法爲戰爭和國家盡力；他加入了「國際碼頭倉庫工人工會」，成了一名碼頭搬運工。那時他已四十歲。瑪爾莎的預言錯了，他並沒有死。

碼頭生活讓賀佛爾覺得很自在。當時碼頭工人不愁沒活做，舊金山碼頭日夜開工，賀佛爾總是挑笨重的工作做，常常受傷。他最好的一些靈感和觀念，都在工作時醞釀形成。他腦子後面總有一個靜靜角落供他思索。任何事情——一句偶然的話、一隻飛翔而過的海鷗或是一個同伴的行爲——都可以啓發他的思考。賀佛爾習慣每天與一個不同的工人搭檔。他總是每天一早就到碼頭，以便選擇喜歡的搭檔，但他並不挑剔。「我從未要求一個人必須有多種長處，只要有一種長處就行。」有時一個差勁的搭檔也能打開他的思路。

賀佛爾記得有一天和他搭檔的是碼頭上最不行的一個工人，這個人笨手笨腳，大家都不願和他一起工作。賀佛爾回憶說：「我們開始一起搬貨。碼頭上的工作是這樣做的：你搬的堆在你那邊，你搭檔搬的堆在他那邊，一人搬一半。但這天我卻發現一件怪事：我的搭檔總是越過中間那條通道去幫助別人。在我們這邊他自己那份工作都沒做好，卻偏要去幫助別人。沒有理由認爲他這樣做是因爲不喜歡我。就是在這天，我想出一個很妙的道理。這傢伙自己的事情都做不好，爲什麼會那麼熱心去做責任以外的事情呢？我的解釋是，當你做不好份內的事，別人會恥笑你，但你幫別人時，便沒有人恥笑你。」

這雖然是個小觀察，卻是他撰寫群衆運動心理學的基礎。書中談到那些忙不迭地擁抱群衆運動的人時，他這樣說：「一個人自己的事要是値得管，他通常都會去管自己的事。如果自己的事不値得管，他就會丟下自己那些沒意義的事，轉而去管別人家的事。」

✤

賀佛爾的生活是艱難的，卻又異常豐富。早年的生活驅使他和那些爲社會所拋棄者混在一起——那些他形容爲「弱者、窮者、被壓迫者、被剝奪了繼承權者、逃犯和被認爲是不肖者的人。」這些經驗使他寫出《狂熱份子》這本研究群衆運動卓有創見的著作。賀佛爾認爲，投身於群衆運動的是一些永久性的畸零人，他們因爲某些原因覺得自己的生命已無可救藥地失敗，因而盲目投身於某種神聖事業，好讓個人的責任、恐懼、缺點得到掩埋。至於投身的事業是政治也好，是宗教也好，是共產主義也好，是法西斯主義也好，都沒有什麼關係，只要那是一種有效的運動，可以使他們忘記自己就好。

「你無法用理性或道德上的理由去說服一個狂熱者拋棄他的大業。他害怕妥協，因此你不可能讓他相信他信奉的主義並不可靠。但他卻不難突然從一件神聖偉業轉投另一件神聖偉業的懷抱。他無法被說服，只能被煽動。對他而言，眞正重要的不是他所依附的大業的本質，而是他渴望有所依附的情感需要。」

《狂熱份子》一書綱目井然，每一節都加以編號，還有大小標題，儼然是架構嚴謹之作，然而細細讀去，你卻會發現賀佛爾的風生議論常常夾雜許多旁生的聯想，體系密度不如想像中高，倒更像他鍾愛的蒙田散文，是一些隨筆、漫思。正因爲這樣，我們會發現他有些地方談得稍嫌簡略，有時也會出現理路不清晰和前後不一貫之處。例如，他主張一個興起中的群衆想要壯大，其領袖必須目空一切、厚顏無恥、冷酷無情，另一方面，他又推許林肯、邱吉爾和羅斯福爲罕有和優異的群衆運動領袖，因爲他們懂得盡力阻止群衆運動中的邪惡成分，並在應該結束它的時候加以結束。這是不是不一貫呢？（林肯、邱吉爾和羅斯福可不可以算是群衆運動領袖又是另一問題。）

對於這些瑜中之瑕，我們或許可以用賀佛爾自己的話來解釋：「本書並不是一部權威性的教科書。它是一部思考之書，並不避諱提出一些片面的眞理，因爲有時片面的眞理也可以開闢新的思路，幫助架構一些新的問題。白哲特說過：『爲了闡明一條原理，你必須誇大很多事情而又略去許多事情。』」

賀佛爾在一九八二年獲雷根總統頒發總統自由獎章。他翌年逝世，享年八十一歲，比四十歲多活了一倍。

（本文部份參考卡文．湯金斯〔Calvin Tomkins〕一九六八年出版的《賀佛爾傳》〔*Eric Hoffer*〕等）

1

群眾運動的吸引力

The Appeal of Mass Movements

對改變的渴望

The Desire for Change

1 宗教運動、革命運動和民族主義運動是熱情的發電廠

很多人參加革命運動，是因爲憧憬革命可以急遽而大幅地改變他們的生活處境。這是個不言自明的道理，因爲革命運動明明白白就是一種追求改變的工具。

但較不爲人知的是，宗教運動和民族主義運動一樣可以是改變的載具。要實現迅速和巨大的改變，某種廣爲瀰漫的熱情或激情顯然是不可少的，至於這種熱情是由黃金夢還是一個積極的群衆運動誘發，則無關宏旨。在美國這裡，自南北戰爭以來各種波瀾壯闊的改變就是受到一種激情洋溢的氣氛所驅動，而人們之所以會洋溢激情，則是因爲感受到有無限自我改善的機會①等在前頭。

不過，在自我改善是不可能或不容許的地方，如果要讓掀天遍地的改變得以實現和維繫，則勢必要在別的地方尋求熱情的來源。宗教運動、革命運動和民族主義運動正是這一類普遍熱情的發電廠。

在過去，宗教運動是變革的主要媒介。宗教的保守性格是後起的事，是一度高張的反抗活力沈寂凝固後的結果。一個勃興的宗教運動帶來的是全面的變革和實驗——它會容納來自各方面的新觀點與新技術。以伊斯蘭教爲例，在其興起的階段，伊斯蘭教乃是一種促進阿拉伯人團結與現代化的媒介。相似的，基督宗教對歐洲的蠻族亦起過文明化和現代化的作用。十字軍東征和宗教改革運動，都是把西方世界從中世紀停滯狀態搖醒的關鍵因素。

但到了現代，能實現巨大而迅速變革的群衆運動，則是革命運動和民族獨立運動——它們有時是單獨發生，有時是合併發生。論熱忱、權勢和情性的冷酷，彼得大帝大概不輸許多最成功的革命運動或民族運動的領袖，但他卻未能達成一個他嚮往的主要目標：把俄國轉化爲一個西化國家。理由是他無法在俄國群衆當中注入激情。他要不是因爲不覺得有此必要，就是不知道怎樣把他的憧憬轉化爲一場群衆運動。這就不奇怪，消滅最後一位沙皇的布爾什維克革命黨人，應該會覺得自己與彼得大帝有血緣關係。因爲彼得大帝的目標現在成爲了他們的目標，他們希望達成他未竟其功的理想。將來，布爾什維克革命會被史家大書特書的，除了建立共產主義經濟制度的企圖，還有就是嘗試把地球六分之一的土地現代化。

法國和俄國的革命最後都演變爲民族主義運動。這個事實意味著，在現時代，民族主義乃是群衆激情最豐富也最經久的泉源，而任何大變革計畫想要取得成功，都必須利用民族主義的激情。有鑑於此，我們不禁懷疑，現在英國工黨政府改變四千九百萬人生活方式的大計之所以阻力重重，是不是就是因爲它沒有去營造一種狂熱的氣氛，沒有許諾英國人民一些大而無當的遠景。當代大部份群衆運動的醜陋面貌，讓高雅正派的工黨領袖望革命激情而卻步。不過，事態的變化仍有可能迫使他們採取較溫和形式的沙文主義，以便讓英國也得以「透過國家的社會主義化，達成社會主義的國家化。」②

日本在現代化方面的成功是驚人的，但要不是經歷過一波民族主義運動，這樣的成功大概是不可能的。同樣的道理大概適用於一些迅速現代化的歐洲國家（特別是德國），它們的成功，某種程度上是拜民族主義熱情的湧現與擴散所賜。有證據顯示，亞洲國家想要復興，應該藉助民族主義運動多於任何其他媒介。凱默爾（Kemal Ataturk）③之所以能夠幾乎一夜間把土耳其現代化，就是拜一個貨眞價實的民族主義運動之助。埃及則剛好相反。即便打從阿里（Mehmed Ali）統治的時候開始，埃及的統治者即已歡迎西方的觀念，而埃及與西方的接觸也頻繁而密切，但因爲從來沒有發生過群衆運動，其現代化顯得步履蹣跚，猶太復國主義也是一種有助落後國家革新的工具，因爲它可以把店東和白領轉化爲農人、工人與士兵。要是蔣介石知道怎樣發起一個扎實的群衆運動，或者至少懂得怎樣讓因日本侵華而點燃起的愛國激情維持不墜，那他現在說不定已被尊爲興革中國的巨人。但因爲他不懂得這樣做，所以才會被精通「宗教化」（religiofication）藝術的大師給推到一邊去——所謂的「宗教化」藝術，就是給實際目的披上神聖大衣的藝術。至此，我們不難明白，爲什麼美國和英國（或任何西方民主國家）無法在喚醒落後和停滯的亞洲國家一事上扮演直接和積極的角色：它們不是無意就是沒有能力喚起亞洲億萬人民的復興精神。不過，西方民主國家倒是以一個間接和意料不到的方式喚醒了東方：它們點燃了仇視西方的激情。目前讓東方從歷時多個世紀的停滯中甦醒的，正是這種反西方的熱情。④

儘管渴望改變往往只是人們投身群眾運動的表面動機，但分析一下這種心理，說不定還是可以讓我們對群眾運動的內在動力有多一分的了解。因此，以下我們會先分析一下這種渴望的性質。

2｜有成就感的人會把世界看成一個友好的世界，失意者則樂於看到世界急遽改變

我們都有一種傾向，那就是到自身以外尋找解釋自身命運的理由。成功和失敗無可避免會左右我們對周遭世界的看法。正因爲這樣，有成就感的人會把世界看成一個友好的世界，並樂於它照原樣保持下去，但失意者卻會樂於看到世界急遽改變。哪怕我們自身的處境是由能力、個性、外貌或健康等個人因素造成，我們還是會堅持向外尋找理由。所以梭羅（Thoreau）才會說：「如果一個人生了病，無法發揮身體功能，又甚或是腸子痛……他就會動念去改革——改革世界。」⑤

失敗者會喜歡把他們的失敗歸咎於世界，這是不難理解的。較不易理解的是，成功者內心深處同樣相信——不管他們有多麼以自己的遠見、堅忍、勤儉和其他美德自詡——他們的成功是環境中各種偶然因素加在一起造就的。哪怕他一直成功，他的自信仍然不會是百分百的。他不敢斷言自己知道造就他成功

的一切因素。在他眼中，世界是一個勉強取得平衡的天平，而只要這種平衡對他們有利，他們就不會敢去擾亂它。因此，抗拒變革和熱望變革事實是同源的，前者的激烈程度也可以不亞於後者。

3 投身變革運動的，往往是那些覺得自己擁有無敵力量的人

不滿情緒並不一定會讓人產生改變現狀的渴望。要讓不滿加深爲憤憤不平，還需要加入另一些因素。其中一個因素是擁有權力感。

不管處境有多麼可憐兮兮，那些對周遭環境又敬又畏的人不會想要去改變現狀。當我們的生活朝不保夕，完全無力控制我們的生存環境時，就會執著於熟悉的生活方式。我們透過把生活模式固定化去對抗深深的不安全感。藉此我們給自己製造了一種幻象：不可預測性已爲我們所馴服。需要看天吃飯的漁夫、牧民和農人，以及敬畏大自然的原始人，全都是害怕改變的人。在他們眼中，世界就像操有生殺大權的法官。赤貧的人也一樣，他們因爲害怕周遭世界，所

以害怕改變。當饑寒逼迫著我們的時候，我們過的是一種危險的生活。所以說，貧困者的保守性格和特權階級的保守性格同樣深厚，而前者對支撐社會秩序的作用也不亞於後者。

會不假思索就投身變革運動的，往往是那些覺得自己擁有無敵力量的人。發動法國大革命的那一代人都深信人類理性的全能和人類智慧的無邊——誠如托克維爾（Tocqueville）所言，人類從來沒有這樣自負過，對自身的全能也從來沒有過這麼大的信心。隨這種誇張自信而來的是一種改變現狀的普遍熱望，它會不請自來地在每一個人的心裡冒出來。⑥列寧和布爾什維克也是這樣子，他們會無所顧忌投入於創造一個新世界和製造大混亂，就是因爲相信馬克思學說無所不能。納粹沒有那麼擲地有聲的教義，但他們卻深信領袖不會犯錯和新技術無所不能。要不是德國人相信閃電戰和新的宣傳技術可使德國無敵於天下，納粹運動會不會進展得如此神速，不無疑問。

即使是渴望進步這種良性的渴望⑦，也是受到信仰支撐的：相信人類本質善良和科學萬能。這是一種桀驁和冒瀆的信仰，思考方式跟那些著手興建「一座城和一座塔，塔頂通天」的人相差無幾。他們都相信「以後他們所要做的事，都沒有成就不了的。」⑧

4 懷有大希望者的力量來自最荒謬的來源：一個口號，一句話或一枚徽章

一般以爲，只要是擁有權力的人，自然會對世界抱持傲慢態度，也易於接受現狀的改變。但事情卻不總是這個樣子。有權勢的人有時也會像弱者一樣膽怯。一個人是不是歡迎改變，更重要的不在於是否掌握權力，而在於是否對未來有信仰。有權力的人如果對未來沒有信仰，就會用他的權力來排斥新事物，以保持現狀。另一方面，極不切實際的夢想即使沒有實際權力作爲後盾，一樣可以讓人產生最大無畏的膽氣。這是因爲，懷有大希望者的力量可以來自最荒謬的力量來源：一個口號，一句話或一枚徽章。沒有信仰是有力量的——除非它也是一種對未來的信仰，除非它含有千福年的成份⑨。任何教義主張也是如

此：如果想要成爲一種力量的來源，它必須宣稱自己是打開未來之書的鑰匙。⑩企圖改造一個國家或整個世界的人，不可能單靠培養和利用不滿情緒而成事。單是展示變革的合理性或訴諸強制手段亦不足以爲功。他們必須知道怎樣在人們心中燃起一個極不切實際的希望，至於這個希望是一個天上的王國、地上的天堂、聞所未聞的財富還是統治世界，都無關宏旨。倘若共產主義者有朝一日能夠征服歐洲和大半個世界，那將不是因爲他們懂得怎樣去煽動不滿情緒或仇恨，而是因爲懂得銷售未來。

5 當希望和夢想在街頭洶湧澎湃的時候，膽怯的人最好門起門扉

因此，保守派與激進派的分野，看來主要繫於他們對未來的態度。害怕未來會讓人緊抓住現在不放，但信仰未來卻讓人熱中改變現狀。不管富人或窮人、強者或弱者、有大成就者或無所成者，一樣有理由害怕未來。當「現在」看起來是完美無瑕的時候，我們充其量會希望它維持下去，因爲任何改變只能意味著走下坡。因此，有傑出成就和過得充實快樂的人，通常對劇烈革新都不懷好感。病弱者與中老年人的保守性格也是產生自對未來的恐懼。他們都隨時留意走下坡的徵兆，感覺任何改變都只會變得更差而不是更好。赤貧的人對未來同樣沒有信心。在他們看來，未來就像是埋在前方路面的陷阱。改變現狀就是自找麻煩。

至於那些抱有希望的人——不管是熱情的知識份子，是渴望取得耕地的農民，是追逐暴利的投機家，是頭腦清醒的工商業家，是普通的工人還是達官貴人——只要他們被一種遠大的希望所攫住，就會斷然前進，對現在無所顧惜，

有必要時甚至會把現在毀掉，創造一個新世界。所以，既有特權階層所發動的革命，也有低賤階級所發動的革命。十六和十七世紀英國的圈地運動就是富人發起的革命。當時，毛紡工業高度繁榮，畜牧也比耕種更有利可圖。於是，地主趕走佃農，圈禁公地，對英國的社會經濟結構帶來深遠的改變。「有時是透過暴力，有時是透過施壓和恐嚇，達官貴人推翻了社會秩序，使古代法律與習俗為之解體。」⑪另一個富人發起的英國革命發生在十八世紀末和十九世紀初，就是工業革命。機械化那種令人驚嘆的潛力讓工廠廠主和商人頭腦火熱。他們所發動的革命「極端和激進得不亞於任何思想偏狹者」所發起的革命⑫，在一段不算長的時間內，這些敬天畏神的社會賢達就把英國的面貌改變得難以辨認。

當希望和夢想在街頭洶湧澎湃的時候，膽怯的人⑬最好閂起門扉、關上窗戶，蜷伏著以待怒潮過去。因為在希望（不管是多崇高和良善的希望）和它所帶來的行動之間，往往存在著重大的不協調，一如在〈啓示錄〉裡，傳佈末日四騎士將臨的，乃是以常春藤遮身的少女和頭戴花冠的青年。⑭

6 經驗是一種障礙

一頭栽進某種變革大業裡的人，都必然懷有極度不滿情緒而又不是一貧如洗，都必然相信某種萬能的教義、某個不會犯錯的領袖或某種新技術已給了他們所向無敵的力量。另外，他們必然抱有極不切實際的憧憬和深信未來具有無限可塑性。最後，他們對他們要做之事所涉及的困難也必然一無所知。經驗是一種障礙。發起法國大革命那些人都是全然沒有政治經驗的。布爾什維克、納粹和亞洲的革命家也是同樣情形。革命中熟通世事的成員都是後來者，到了運動已告洶湧澎湃方始加入。英國人也許正是富有政治經驗，才會對群眾運動避之唯恐不及。

對替代品的渴望

The Desire for Substitutes

7 透過認同於一件神聖事業而獲得自豪、信心、希望、目的感和價值感

群衆運動的吸引力和實務組織（practical organization）的吸引力有一個基本不同處。實務組織可以提供人自我改善的機會，故其吸引力來自它可以滿足個人利益。反之，一個群衆運動，特別是當它還處於生氣勃勃的積極階段時，吸引到的並不是那些珍愛「自我」、想要把它加強加壯的人，而是那些渴望可以擺脫他們可厭「自我」的人。一個群衆運動會吸引到一群追隨者，不在於它可以滿足人們追求自我改善的渴望，而在於可以滿足他們自我否定的熱望。

覺得自己人生已敗壞到無可救藥的人，不會認爲自我改善是值得追求的目

標。個人前途的考量不足以激發他們拚搏，也不足以讓他們產生信仰或作出一心一意的獻身。他們把自利心理看成是墮落邪惡的，是不潔不祥的。任何出於爲己謀的行爲在他們看來都是注定失敗的。他們最深的渴望是過新生活，是重生，要是無法得到這個，他們就會渴望透過認同於一件神聖事業而獲得自豪、信心、希望、目的感和價值感這些他們本來沒有的元素。一個積極的群衆運動⑮可以同時提供他們這兩樣東西。如果他們完全皈依到一個群衆運動去，就會在緊密無間的集體中得到重生，而如果他們只是在旁邊敲邊鼓，仍然可以得到自豪、信心和目的這些元素。

對失意者來說，群衆運動是一種替代品：要不是可以替代他的整個「自我」，就是可以替代一些能讓他的生活可以勉強忍受的元素。

無疑，在一個群衆運動的初期追隨者中，總會有一些是冒險家，他們希望把握機會，贏得名和權。另一方面，那些參與實務組織的人，有時也會表現出某種程度的無私奉獻。儘管如此，一個事實仍然是不爭的：實務組織除非能滿足其成員的個人利益，否則將無法久長；反之，群衆運動的活力與成長，則有賴它能滿足成員自我否定的激情。當一個群衆運動開始吸引得到有事業野心的人加入，就是該運動已過了全盛時期的徵兆；它不再以創造新世界爲務，而只求掌握和保有現在。因此，它不再是個運動而是一項事業。希特勒就指出過，一個運動提供的崗位和職位愈多，「它吸引到的劣質人才就愈多，到頭來，這些政治攀緣者會充塞於一個成功的黨，致使其昔日的忠誠戰士再也無法認出它的本來面目。……這樣的事情發生時，一個運動的『使命』就壽終正寢了。」⑯

由皈依所帶來的完全替代，我們會留待第三部〈團結行動與自我犧牲〉再行討論。以下，我們會先討論部份替代。

8 替代自信

信仰一件神聖事業，相當程度上是替代已經失去了的自信。

9 誇耀神聖事業

一個人愈是沒有值得自誇之處，就愈容易誇耀自己的國家、宗教、種族或他所參與的神聖事業。

10 逃離自我

一個人自己的事要是值得管，他通常都會去管自己的事。如果自己的事不值得管，他就會丟下自己那些沒意義的事，轉而去管別人家的事。

這種人喜歡搬弄是非、打聽試探、越俎代庖，同時對國家和種族事務表現出熾烈興趣。在逃離「自我」的同時，我們要不是會依偎著鄰人朋友的肩，就是會掐著他們的咽喉。

11 無私者的虛榮心是無邊無際的

熱烈相信我們對別人負有神聖義務，往往是我們遇溺的「自我」攀住一艘流經的木筏的方法。我們看似伸手助人一臂之力，實則是在拯救自己。若把神聖義務拿掉，我們的生命即陷於貧乏和無意義。毫無疑問，在把自我中心的生活換成無私的生活以後，我們會得到的自尊是龐大的。無私者的虛榮心是無邊無際的。

12 失業者寧願追隨販賣希望的人，而不願追隨施予救濟的人

群衆運動最有力的吸引力之一，是它可以成爲個人希望的替代品。在一個深受「進步」觀念浸染的社會，這種吸引力特別強烈。這是因爲進步的觀念會把「明天」放大，這樣，那些看不見自己前景的人失意感就會更加深刻。論及希特勒上台前的德國時，勞施寧（Hermann Rauschning）說：「在打敗（第一次世界大戰）以後，最讓我們難熬的，是一種一切都到了盡頭的感覺。」⑰在現代社會，人們只有在忙得透不過氣的時候，才能夠不抱希望地活著。失業之所以會帶來絕望感，不但是失業者有貧窮之憂，更是由於他們突然發現人生一片虛空。失業者寧願追隨販賣希望的人，而不願追隨施予救濟的人。

批評者往往指責群衆運動用未來的希望來麻醉其信徒，剝奪他們對「現在」的享受。可是，在失意者看來，他們的「現在」已是敗壞得無可救藥，再多的享受與快樂都不能使其恢復完整。除卻對未來的希望以外，他們不可能有眞正的滿足或安慰。⑱

13 赴死精神

當我們個人的利益與前途看來不值得我們爲之活下去時，我們就會迫切需要爲別的事物而活。所有形式的獻身、虔誠、效忠和自我抹煞，本質上都是對一種事物牢牢攀附——攀附著一件可以帶給我們渺少人生意義和價值的東西。因此，任何對替代品的擁抱，都必然是激情和極端的。我們對自己只能有有限度的信心，但我們對國家、宗教、種族或神聖事業的信仰，卻必定是誇張和不妥協的。一種被溫和擁抱的替代品，是不足以取代和抹拭那個我們想要遺忘的自我的。除非準備好爲某種東西而死，否則我們不會有把握自己過的是有價值的生活。這種赴死精神可以作爲一種證據，向自己和別人顯示，我們的選擇是最好的。

群眾運動間的可代換性

The Interchangeability of Mass Movements

14 每一個積極吸收追隨者的群眾運動，都把敵對運動的成員視為其潛在信徒

若是人們接受群眾運動的時機已經成熟，那他們會參加何種群眾運動都有可能，不見得會獨鍾某種主義或綱領。在希特勒上台前的德國，一個不滿現狀的青年會加入共產黨還是納粹黨，機會是五十五十。在帝俄末期，怨氣沸騰的猶太人會投身革命黨還是猶太復國運動，機會也是各半。有時，同一個猶太家庭會有人選擇參加革命，有人選擇參加猶太復國運動。以色列首任總統魏茲曼（Chaim Weizmann）的媽媽當時就說過：「不管時局怎樣變化，我都會是受惠者。要是撒姆耳（家中參加共產黨的兒子）選對邊，我們一家人就會快快樂樂

住在俄國；要是哈伊姆（家中參加猶太復國主義運動的兒子，即魏茲曼）選對邊，我就會搬到巴勒斯坦去。」[19]

即使一個「忠實信徒」已熱烈皈依於一個特定的運動，仍然有可能改投另一個群衆運動的懷抱。在有多個群衆運動激烈競爭的地方，這種事情不是不常見的——即使最熱忱的份子也是如此。掃羅之變成保羅，並非罕例，也不是奇蹟。[20]在我們的時代，每一個積極吸收追隨者的群衆運動，都把敵對運動的成員視爲其潛在信徒。例如，希特勒就把德國的共產黨徒看成潛在的納粹黨徒：「小資產階級的社會民主黨員和工會領袖絕不會成爲納粹黨員，但共產黨員卻常常會。」[21]納粹黨青年部主任伯姆（Röhm）曾自誇能夠在四星期內把一個極左的共黨份子轉變爲狂熱的納粹份子。[22]相似的，共產主義宣傳家拉狄克（Karl Radek）也把納粹的褐衫隊員視爲共產黨生力軍的人才庫。[23]

因爲所有群衆運動都是從同一類人中間吸收信徒和吸引到的都是同一類型的心靈，所以，㈠所有群衆運動是相互競爭的，一個群衆運動增加多少追隨者，就會讓其他群衆運動減少多少追隨者。㈡所有群衆運動都具有相互取代性。一個宗教運動有可能會發展爲一場社會革命或民族主義革命；一場社會革命有可能會演變爲軍國主義或宗教運動；一個民族主義運動也有可能蛻變爲一場社會革命或宗教運動。

15 鐵鎚、鐮刀和卐字，其性質與十字架相當

一個群衆運動極少只有單一性格。它一般會展現一些其他性質運動的面向，有時候，還會集兩、三種群衆運動的性質於一身。例如，希伯來人出埃及的行動就同時是一場奴隸革命、一個宗教運動和一個民族主義運動。日本的軍國主義本質上是宗教性的。法國大革命是一種新宗教；它有「自己的教義——即大革命的神聖原則：自由、平等、博愛；它有自己的崇拜方式；它有自己的聖徒、英雄和爲自由殉道的烈士。」㉔與此同時，法國大革命也是一場民族主義運動。一七九二年立法議會下令要各地建立聖壇，刻上下列銘文：「凡屬公民，均應爲祖國而生，爲祖國而活，爲祖國而死。」㉕

宗教改革也有其革命的一面，此見之於農民起義；它同時又是民族主義運動。路德說過：「在義大利人心目中，我們德國人只是低級的條頓豬。他們像騙子一樣搾取我們，一直吸吮我國吸吮到骨髓。醒來吧德國！」㉖

布爾什維克和納粹革命的宗教性格是衆所公認的。鐵鎚、鐮刀㉗和卐字，其性質與十字架相當。他們的檢閱儀式與宗教遊行相當。他們有信條、聖者、殉教者和聖墓。布爾什維克和納粹革命也是全面展開的民族主義運動。納粹革命自始即具這種性質，而布爾什維克的民族主義則是後來發展起來的。

猶太復國主義是一場民族主義運動加社會革命。對正統派的猶太人來說，它也是一場宗教運動。愛爾蘭民族主義運動具有深切的宗教色彩。現今亞洲的群衆運動則兼具民族主義和革命性質。

16 用一個群眾運動壓制另一個群眾運動並非是沒有危險的，代價也不一定便宜

要阻遏一個群眾運動，方法往往是以另一個群眾運動取而代之。一場社會革命可以經由鼓吹一個宗教或民族主義運動加以遏止。所以，在那些天主教能夠重振其群眾運動精神的國家，共產主義的勢頭總是受到壓制。在日本，捻熄所有社會抗議運動怒火的，是一場民族主義運動。在美國南方，種族團結運動成了防阻社會激變的機制。類似現象也在加拿大的法裔公民和南非的布爾人（Boer）㉘中間出現過。

用一個群眾運動壓制另一個群眾運動並非是沒有危險的，代價也不一定便宜。在二次大戰前的德、義兩國，務實的工商人士爲防共產主義坐大，採取了「合邏輯」的做法：鼓勵納粹和法西斯運動。但到頭來，這些務實而合邏輯的人卻加速了自身的滅亡。

群眾運動也有比較安全的替代品。一般而言，任何足以壓抑個人主義或助

長自我抹煞情緒或提供行動機會的安排，都有抵制群衆運動興起與傳播的功效。這些替代品，我們留待稍後篇章再行探討。以下，我們會先略論一種奇特的群衆運動替代品：移民。

17 每一個群衆運動在某種意義下都是一場移民

移民可以提供失意者一些他們想從群衆運動得到的東西，也就是轉變和一個重新開始的機會。那些在一個群衆運動初起時會急急投效的人，往往也是樂於得到移民機會的人。因之，移民可作爲群衆運動的一種替代品。如果英、美兩國在第一次世界大戰後願意接受歐洲人大量移民，說不定法西斯和納粹革命就不會發生。在美國，社會的穩定性多少歸功於有廣大土地可供人民自由遷徙。

然而，基於其參與者的特質使然，集體移民也往往是讓群衆運動興起的契機。有時我們很難說出一趟集體移民和一個群衆運動的起迄界線何在——也難說出它們孰先孰後。例如，希伯來人集體出埃及之舉後來就發展爲一個宗教和民族主義運動。日耳曼人在羅馬帝國衰落時期的大遷移也絕不只是人口分布上的改變。有證據顯示，日耳曼蠻族的人數相對要少，但一旦他們侵入一個國家，原來的被壓迫者和不滿者就會起而加入他們：「那是一場由外國征服引發和遮掩著的社會革命。」㉙

每一個群衆運動在某種意義下都是一場移民：追隨者會覺得他們正向一片應許之地邁進。在情況許可和較合算的情況下，一個群衆運動也有可能會帶來一場集體移民。這樣的事曾發生在清教徒、再洗禮派（Anabaptists）、摩門教徒、捍衛靈魂派（Dukhobors）㉚和猶太復國主義者身上。集體移民可以強化一個運動的活力與向心力。不管表現爲征服他國、十字軍東征、朝聖還是向一片新發現的土地殖民，移民是大部份群衆運動都會採取的做法。

註釋

①〔譯註〕這裡的「自我提升」指財富、聲望、地位等方面的提升。

② E. H. Carr, *Nationalism and After*（New York: Macmillan Company, 1945）, p. 20.

③〔譯註〕土耳其的國父。

④見第一〇四節文末。

⑤ Henry David Thoreau, *Walden*, Modern Library edition（New York: Random House, 1937）, p. 69.

⑥ Alexis de Tocqueville, *On the State of Society in France Before the Revolution of 1789*（London: John Murray, 1888）, pp. 198-199.

⑦〔譯註〕十九世紀的西方人普遍相信人類處於不斷進步中，也以追求這種進步爲己任。

⑧《舊約・創世記》十一章四節、六節。

⑨〔譯註〕基督宗教認爲有一千年黃金時代，接著是末日審判。

⑩見第五八節。

⑪ Karl Polanyi, *The Great Transformation*（New York: Farrar and Rinehart, Inc., 1944）, p. 35.

⑫同上書，頁四〇。

⑬〔譯註〕這裡「膽怯的人」是指那些不敢在群衆運動中與群衆一起施暴的人。

⑭〔譯註〕末日四騎士是指飢餓、戰爭、瘟疫、死亡。

⑮〔譯註〕作者所謂的「積極的群衆運動」，意思相當於「處於積極階段的群衆運動」。作者所謂「初起的」，亦是指這個階段。

⑯ Adolph Hitler, *Mein Kampf*（Boston: Houghton Mifflin Company, 1943）, p. 105.

⑰ Hermann Rauschning, *The Conservative Revolution*（New York: G. P. Putnam's Sons, 1941）, p. 189.

⑱ Thomas Gray, *Letters*, Vol. I, p. 137. Quoted by Gamaliel Bradford, *Bare Souls*（New York: Harper & Brothers, 1924）, p. 71.

⑲ Chaim Weizmann, *Trial and Error*（New York: Harper& Brothers, 1949）, p. 13.

⑳ Hermann Rauschning, *Hitler Speaks*（New York: G. P. Putnam's Sons, 1940）, p. 134.

㉑ Konrad Heiden, *Der Fuehrer*（Boston: Houghton Mifflin Company, 1944）, p. 30.

㉒〔譯註〕這裡所說的保羅是指《新約聖經》中的使徒保羅，他在皈依基督教前原名掃羅，是個激烈迫害基督徒的猶太教徒。

㉓ Fritz August Voigt, *Unto Caesar*（G. P. Putnam's Sons, 1938）,p. 283.

㉔ Carl L. Becker, *The Heavenly City of the Eighteenth-Century Philosophers*（New Haven: Yale University Press, 1932）, p.155.

㉕ A. Mathiez, "Les Origins des Cultes Revolutionnaires," p. 31. Quoted by Carlton J. H. Hayes, *Essays on Nationalism*（New York: Macmillan Company, 1926）, p. 103.

㉖ Frantz Funck-Brentano, *Luther*（London: Jonathan Cape, Ltd., 1939）, p. 278.

㉗〔譯註〕俄國共產黨的黨徽。

㉘〔譯註〕指荷蘭裔的白人。

㉙ H. G. Wells, *The Outline of History*（New York: Macmillan Company, 1922）, pp. 482-484.

㉚〔譯註〕十八世紀興起於俄國的農村教派，因受迫害而舉教遷往加拿大。

2

潛在的皈依者

The Potential Converts

不受歡迎者在人類事務扮演的角色

The Role of the Undesirables in Human Affairs

18—一個群體的性格和命運，往往由其最低劣的成員決定

人們評價一個種族、國家或任何群體時，往往是在該群體最低劣的成員中取樣。這種做法儘管有失公允，卻不是全無道理。因爲一個群體的性格和命運，往往由其最低劣的成員決定。

一個國家最不活躍的人群，爲佔大多數的中間層次。他們是在城市工作和在鄉間務農的正派老百姓，然而，他們的命運卻受分據社會光譜兩頭的少數人——最優秀的人和最低劣的人——所左右。①

社會中最優秀的個人——不管是活躍於政界、文學界、科學界還是工商界，固然是國家的重要形塑者，然而，站在社會另一端的個人，包括失敗者、

流浪者、罪犯，或任何不能在高尚人群中立足或從未廁身其間的人，也是一個國家的重要角色。歷史這個遊戲的玩家一般都是社會的最上層和最下層，佔大多數的中間層次只有在台下看戲的份。

社會低等成員之所以能對社會發生重大影響，是因爲他們對「現在」全不尊重。他們認爲他們的生活和「現在」都已敗壞到無可救藥，因此隨時準備好把這兩者加以毀棄。他們也渴望透過某種驚心動魄的集體事業，去掩埋他們已經敗壞和了無意義的自我：這是他們傾向於集體行動的原因。因此，他們總是一場革命、集體遷徙、宗教運動或種族主義運動的最早皈依者之一，而他們也會把自己的色彩烙印到運動之中。

這些被遺棄和被排斥的人往往是決定一個國家的未來的原材料。換言之，本來爲建築師鄙棄的石材會成爲一個新世界的奠基石。一個沒有廢料和不滿者的國家，固然會井然有序、高尚、和平而愉快，但它缺少開拓未來的種籽。歐洲的棄民竟能遠涉重洋來到美洲建立一個新世界，並不是歷史開的玩笑——唯獨他們能夠成就此等事業。

19 心懷不平者

心懷不平者雖然到處都有，但卻最常見於下列幾類人：㈠窮人、㈡畸零人、㈢被遺棄的人、㈣少數民族、㈤青春期的少年、㈥有野心的人（不管他們面對的是不可跨越的障礙還是無限的機會）、㈦被某些惡德或偏執挾制的人、㈧無能者（身或心方面的無能）、㈨極度自私的人、㈩對生活厭煩的人、㈪罪犯。

下文第二〇節到四二節將對其中的一些人加以探討。

窮人

The Poor

新窮人

20 今日西方世界的工人視失業為一種墮落

不是所有窮人都是失意者。有些身陷城市貧民窟的窮人會對自身的處境安之若素。勸他們離開他們所熟悉的泥淖，他們會怕得發抖。哪怕是有骨氣的窮人，要是他們陷入貧困已經有一段長時間，一樣會不思改變。他們相信事物的秩序是永遠不變的，對現狀又敬又畏。除非來了一場災難——戰火、瘟疫或集體的危機——他們才會明白所謂「永恆秩序」的易逝不居。

會被失意感刺痛的窮人，一般都是新近才陷入貧困者，即所謂的「新窮人」。美好生活的記憶像火焰般在他們血管裡燃燒。他們是失去繼承權和遭剝奪的人，每有群衆運動出現，就會忙不迭振臂相迎。十七世紀英國清教徒革命的成功，新窮人居功厥偉。圈地運動期間（見第五節），數以千計的地主趕走他們的佃戶，把田地改成牧場。「強壯和積極的農民，被變成了受薪工人或乞丐……城市街衢滿目都是貧民。」②爲克倫威爾的新軍充實兵員的，正是這些遭剝奪的群衆。

在德國和義大利，納粹和法西斯革命的主要支持者是破了產的中產階級。今日英國潛在的革命者不是工人，而是被剝奪了特權的公務員和工商業者。這個階級對過去的豐裕生活和統治地位記憶猶新，所以難以自安於目前緊縮了的經濟狀況與政治上的無所作爲。

到最近，在美國和其他國家，都會週期性地大量出現一種新類型的窮人，而他們的出現，毫無疑問助長了當代群衆運動的興起和擴大。直至前不久，新窮人主要是來自有產階級（不管是城市還是鄉村裡的有產階級），然而，到了最近，普通工人也開始扮演起新窮人的角色，這大概還是歷史上的第一次。

一向以來，工人只要能得到最起碼的溫飽，就會自感是傳統的窮人。不管年景是好是壞，他們都會覺得自己窮。遇到再嚴峻的經濟蕭條，他們也不會認爲那是什麼有乖常理的事。但隨著生活水平的普遍提高，經濟蕭條和失業的意義卻爲之一變。今日西方世界的工人視失業爲一種墮落。他們認爲自己受到一個不公正的秩序的剝奪與傷害，所以願意傾聽那些呼籲重新洗牌的人說話。

赤貧者

21 為最起碼生活操勞的人，不會有時間、心情去悲憤或造夢

在飢餓邊緣掙扎的貧民過的是目標鮮明的生活。他們拚命爲塡飽肚子而掙扎，完全不會爲閒愁所困擾。他們的目標具體而直接。有飯吃就心滿意足；能夠飽著肚子上床睡覺是一種成就；每一筆意外之財都是一個神蹟。既然如此，他們又怎會需要「一個使人生有意義和莊嚴的超個人目標」呢？群衆運動的吸引力對他們是不起作用的。布爾什維克革命初期，著名的激進派黨人會群集莫斯科，就是知道他們必須想辦法把赤貧者爭取過來。巴拉諾夫（Bolshevik）這樣說：「我在這裡看到那些畢生爲理想而活的男男女女。爲了實現理想，他們不惜自願放棄享受、自由、快樂與家庭，來這裡全力對付人們饑寒的問題。」③

凡是從早到晚都要爲最起碼生活操勞的人，不會有時間、心情去悲憤或造

夢。中國民衆不易造反的原因之一，就在於他們得花很大力氣才賺得到一點點維生之資。他們爲生活而激烈掙扎，而這掙扎所發揮的是「一種靜態而非動態的影響力」。④

22 悲憤會在悲憤幾乎得到補償的時候最為蝕骨

困苦並不會自動產生不滿，不滿的程度也不必然與困苦的程度成比例。不滿情緒最高張的時候，看來是困苦程度勉可忍受的時候；是生活條件已經改善，以致一種理想狀態看似伸手可及的時候。悲憤會在悲憤幾乎得到補償的時候最爲蝕骨。托克維爾在研究大革命前的法國社會狀況時，驚訝地發現：「在一七八九年大革命之後的每一個階段，法國的繁榮昌盛都沒有快過大革命前的那二十年。」⑤爲此，他不得不作出這個結論：「法國人的處境愈好，愈覺得自己的處境難以忍受。」⑥法、俄兩國渴望擁有土地的農民，在革命爆發時已擁有全部農地的近三分之一，而這些土地大多是他們祖父一代即已取得。⑦所以說，促使他們起而革命的，不是生活眞有多困苦，而是因爲嘗過土地的甜頭，想要得到更多土地。由此可以推知，在蘇聯人民沒有嘗到過一點美好生活的滋味以前，蘇聯是不太可能爆發民眾起義的。對蘇俄政權來說，最危險的時刻將會是國家經濟已有相當改善而極權統治因爲某種緣故稍見鬆動之時。史達林密友基諾夫（Kirov）會在一九三四年十二月被暗殺也許不是個巧合，因爲其時正值史達林宣佈第一個五年計畫成功結束、一個繁榮愉快的新時代將要開始之後。

人的不滿程度，看來是跟他與他熱切渴望得到之物的距離成反比。這一點，不管是在我們正趨近一個目標還是離開一個目標的情況下皆適用，不管是應許之地剛剛在望還是我們被剝奪的繼承權仍在望的情況下皆適用，不管是在我們即將得到財富、自由還是快要成爲窮人或被奴役的情況下皆適用。

23 擁有而後不滿

已經擁有許多而想擁有更多的人，其失意感要大於一無所有而只想擁有一點點的人。另外，只缺一樣東西的人也會比缺很多東西的人更不滿。

24 奢侈品與必需品

我們追求奢侈品的時候會比追求必需品的時候更勇猛。往往，到我們不得不放棄追求奢侈品的時候，我們的必需品也會開始闕如。

25 盼望那看不見的，就必須忍耐等候

希望可以讓人不顧一切地行動，也可以訓練和培養人的耐性。差別就在它是一個短程的希望還是遠程的希望。

一個興起中的群衆運動會傳揚短程的希望。其目的是誘發追隨者行動的激情，而最有效煽動人們行動激情的，就是宣傳一個近在咫尺的希望。基督宗教初興時宣傳世界末日即將到臨，天國近在咫尺；穆罕默德把劫掠而來的戰利品懸在信徒面前；雅各賓黨人應許即時的自由與平等；早期的布爾什維克許諾麵包與土地；希特勒許諾立刻撕毀《凡爾賽和約》以及讓人人都有工作。然後，當一個運動已經得勢，它就會轉而強調一些遠程的希望——一些夢想與願景。對一個得勢的群衆運動而言，它的首要關心是維持現狀，所以它會鼓勵順服與耐性，教他的追隨者一個道理：「盼望那看不見的，就必須忍耐等候。」（《新約・羅馬書》）⑧

所有的建制化群衆運動都有它的遠程希望和特有麻醉劑，用以緩和群衆的急躁，使他們各安天命。史達林主義就像所有的建制化宗教一樣，是一種人民的鴉片。⑨

自由的窮人

26

——自我若是軟弱無力，再多的自由又有何用？

奴隸都是貧窮的，但在任何奴隸制度普遍並行之有年的地方，會發生群眾運動的機會並不高。奴隸之間的絕對平等，以及奴隸區域之內緊密的團體生活，都讓失意感不容易發生。在一個有奴隸制度的社會裡，會鬧事的不是新遭奴役的人就是剛獲解放的奴隸。就後者而言，他們的不滿來自自由帶給他們的苦惱。

自由對失意感的加深作用不亞於紓緩作用。選擇的自由讓個人得把失敗的責任一肩扛。自由鼓勵多種多樣的嘗試，也無可避免會帶來多種多樣的失敗與失意感。

一個人除非善於用腦子，否則自由就會成爲他一種討厭的負擔。自我若是軟弱無力，再多的自由又有何用？我們參加群衆運動，是爲了逃避個人責任或爲了得到——用一個熱情洋溢年輕納粹黨員的話說——「免於自由的自由」。⑩普通的納粹黨員會力辯他們並未犯下任何罪行，並不是虛僞。他們認爲自己受了騙，上了當，而且只是執行上級的命令，又何來責任可言。他們會參加納粹運動，不就是爲了得到免於負責任的自由嗎？

由此看來，最容易讓群衆運動滋長的環境，就是一個相當自由卻缺乏紓緩失意感機制的社會。十八世紀的法國農民之所以會被法國大革命吸引，正因爲他們不再是農奴而擁有自己的土地。同樣的，俄國農民要不是已獲得一世代或以上的自由並嘗過私有土地的滋味，大概就不會發生布爾什維克革命。

27 狂熱者對自由的恐懼尤甚於迫害

群眾運動雖然往往打著自由的旗號對抗高壓秩序，但它們開始全速啓動以後，卻不會讓個人自由有實現的餘地。這是因爲，當一個群眾運動在與既有秩序作生死鬥爭，或是抵抗內外敵人以求自存時，它的首要之務是建立團結性和自我犧牲精神，而這兩樣東西都需要個人放棄其意志、判斷與利益。羅伯斯比爾（Robespierre）說過，革命政府是「反抗暴政的專制政體」。⑪

值得強調的是，雖然一個群眾運動在其積極階段會打壓個人自由，但此舉並未拂逆其追隨者的意願。法國歷史學家雷南（Renan）說過，狂熱者對自由的恐懼尤甚於迫害。⑫一個群眾運動興起時，其追隨者儘管活在一種得嚴格遵守信條和命令的緊迫氣氛中，仍然會有一種強烈的自由感。這種自由感來自他們逃離了他們厭憎、害怕的那個「自我」。這種逃離讓他們感覺得到釋放與救贖。另外，造就了一場驚天動地的變遷也帶給他們自由之感，儘管這變遷是他們在嚴格紀律下執行的。只有當運動過了它的積極階段，固結爲一些穩定的制度模式以後，個人自由才有抬頭的機會。一個群衆運動的積極階段愈短，人們會愈覺得造就個人自由是運動本身而不是運動的終結。另外，積極階段愈短，被群衆運動推翻和取代的那個極權體制在人們的印象中就愈暴虐。

28 最大聲呼籲自由的人，往往是最不樂於住在自由社會裡的人

那些覺得自己生命敗壞了和荒廢掉的人，會渴望平等與博愛多於渴望自由。如果他們爲追求自由奔走呼號，他們想要的只是一種建立平等與博愛的自由。對平等的激情是一種對匿名（anonymity）的激情：想要成爲構成一件外衣的衆多絲線之一，一根無別於其他絲線的絲線。⑬這樣，就沒有人會把他指出來，與別人比較，讓其低劣無所遁形。

那些最大聲呼籲自由的人，往往是最不樂於住在自由社會裡的人。「失意者」因爲受到自己的短處壓迫，會把他們的失敗歸咎於現有的種種限制。實際上，他們最深的渴望是終結「人人皆有自由」的現象。他們想要取消自由競爭，

取消自由社會裡人人都要經歷的無情考驗。

29 少數人的熱望

在自由實際存在的地方，平等是大衆的熱望。在平等實際存在的地方，自由是極少數人的熱望。

有平等而沒有自由，會比有自由而沒有平等更能創造穩定的社會模式。

有創造力的窮人

30 隨著個人創造力的衰退，人們參與群眾運動的傾向顯著增加

貧窮如果能夠與創造性結合，那貧窮十之八九都不會帶來失意感。精於本身行業的窮技工是如此，充分擁有創造力的窮作家、藝術家、科學家更是如此。最足以加強我們自信，讓我們安貧樂道的，莫過於源源不斷的創造力：一天又一天地看著事物從我們手底下生成。手工藝的衰落，容或就是現代人易於產生失意感和投身群眾運動的原因。

隨著個人創造力的衰退，人們參與群眾運動的傾向顯著增加。那些創造靈感枯竭而過氣的作家、藝術家和科學家，遲早都會墮入狂熱愛國份子、種族主義販子和某種神聖偉業的鼓吹者的陣營。性無能者也易於產生這種衝動。（無創造力者在納粹運動扮演的角色將在第一一一節加以討論。）

有所歸屬的窮人

31—分崩離析的家族、部落或國家

如果一個窮人是某個緊密團體（部落、關係親密的家族、宗教團體等）的一員，則他較不容易產生失意感，也因此較不容易受群衆運動的吸引力感染。一個人愈是不把自己看成能夠決定自己現狀與前途的獨立自主個體，就愈不會把自己的貧窮歸因於自己的拙劣。一個緊密團體的成員，其「革命燃點」要比獨立自主的個人高。需要更悲慘與更屈辱的際遇，才能讓他揭竿而起。在一個極權社會中，革命會爆發，一般都不是因爲人們對壓迫和困苦的怒火趨於沸騰，而是因爲極權架構發生鬆動所導致。

中國社會較不容易出現群衆運動，大概是中國人家庭觀念牢固有以致之。「歐洲人『爲國捐軀』的觀念和行爲，對一個中國人來說是難以理解的。因爲

他的家族並不會從這種犧牲中直接受益，反而會因而喪失掉一個成員。」但反過來，「爲了讓家屬獲得豐厚報酬，一個中國人卻會願意代替一個待決之囚去赴死。」⑭

由此可見，一個群衆運動想要贏得大量信徒，必須拆散所有既有團體的紐帶。理想中的潛在信徒，應該是個獨來獨往的人，他不屬於任何集體，沒有泯滅自我的方法，無法靠團體來掩蓋自己的渺小、無意義和寒酸。一個群衆運動若遇到正在分崩離析的家族、部落或國家，就會有機可乘，滿載而歸。反之，如果碰到的是組織完好無缺的團體，就必須予以打擊和分化。近年來，俄國的布爾什維克運動開始強化家庭制度，鼓勵人們忠於國家、種族和宗教，這顯示出，該運動已過了動態階段，已經建立起新的生活模式，目前的首要關心變成是鞏固既已取得的成果。但在世界其他地方，共產主義仍然處於奮鬥階段，所以竭盡所能去分化國家、種族和宗教的向心力。

32 興起中的群眾運動對家庭都會抱持敵意態度

興起中的群眾運動對家庭的態度相當有趣。幾乎所有當代的群眾運動，在其初期階段，對家庭都會抱持敵意態度，竭盡所能加以損害和分化。方法包括了打擊父母的權威、鼓勵離婚和生私生子、接管哺養教育兒童的責任等。擁擠的居住環境、放逐、集中營和恐怖手段等同樣有助於削弱和分解家庭。儘管如此，論對家庭的嫉妒，仍然沒有一個當代群眾運動能夠超過早期的基督宗教。耶穌就曾不諱言說過：「因爲我來，是叫人與父親生疏，女兒與母親生疏，媳婦與婆婆生疏。人的仇敵，就是自己家裡的人。愛父母過於愛我的，不配做我的門徒。」⑮及至有人告知他母親和兄弟就在外頭，要和他講話，他說：「誰是我的母親？誰是我的兄弟？就伸手指著門徒說：看哪，我的母親！我的兄弟！」⑯當一個門徒想請假去埋葬父親，耶穌說：「任憑死人埋葬他們的死人，你跟從我吧。」⑰他看來已經預見，因爲要求信徒狂熱憎恨敵對者，他的運動勢必會引起醜陋的家庭衝突。「弟兄要把弟兄，父親要把兒子，送到死地；兒女要與父母爲敵，害死他們。」⑱一個傳揚愛人如己的人竟會反對父母子女、兄弟姊妹之間的愛，儘管奇怪，卻是事實。提倡「兼愛」的中國聖哲墨子會受到孔門弟子的駁斥，誠屬理所當然，因爲儒家把家庭看得高於一切。⑲他們認爲「兼愛」的原則會破壞家庭，摧毀社會。哪怕並不敵視家庭，也完全無意破壞家庭的凝聚，但只要是呼籲「追隨我」的勸人皈信者都會是家庭殺手。據說，聖伯爾納（St. Bernard）⑳的講道是那麼有感染力，以致「母親要藏起兒子，妻子要藏起丈夫，不讓他們見到他，以免會被他誘惑走。他也眞的拆散過很多家庭，那些棄婦多得組成了一座女修道院。」㉑

毋庸說，家庭的衰落（不管衰落出自何種原因）會自然而然助長集體精神，讓人易於受群衆運動的吸引力感染。

日本的侵略明顯削弱了中國緊密的家庭制度，並導致民族主義和共產主義近期在中國愈來愈壯大。在工業化的西方世界，家庭主要是被經濟因素削弱和瓦解。婦女經濟獨立助長了離婚。年輕人的經濟獨立則削弱了父母的權威，加速家庭提早分裂。大工業中心對農村和小鎮人民的吸引力，也造成家庭紐帶的緊張和斷裂。這些因素削弱了家庭，助長了現代集體精神的發展。

第二次大戰期間，希特勒的瘋狂種族滅絕政策和人口大遷移政策，在歐洲大部份地區消滅和拆散了數以百萬的家庭。另一方面，英美的空襲，從東歐和南歐驅逐九百萬德國人，以及戰後遲遲不肯遣返戰俘之舉，對德國家庭的破壞，不亞於希特勒對歐洲家庭的破壞。在充滿這麼多分崩離析家庭的情況下，即使經濟和政治環境改善，歐洲要怎樣才能回復正常、保守的社會形態，令人難以想像。

33 被統治者融合在一個整體中的程度愈大，個人落寞的情緒愈少

落後國家與西方文明接觸後會產生不滿情緒，主要不是因爲西方人的高壓剝削所致。那毋寧是共同體的向心力被粉碎或削弱的結果。文明的西方世界把自我改善的觀念帶給了落後地區，但也因此帶來了個人的失意感。所有西方帶來的好處，都不足以替代過去傳統農村社會帶給人的庇護和安慰。哪怕一個西化的土著事業有成，他仍然會不快樂。他會感到赤裸裸和孤苦無依。現在出現在很多被殖民國家的民族主義運動，部份就是爲了追求一種群體性的生活和擺脫西方的個人主義。

西方殖民國家把個人自由和個人獨立這兩件禮物帶給了土著。他們企圖教導他們自立自足，但實際造成的只是個人孤立。那無異於把一個不成熟和準備不足的個人從群體中扯離，把他委之於神學家霍米亞科夫（Khomiakov）所說的「在自己無能之下的自由」（the freedom of his own impotence）㉒。今天群衆運動會在西方這裡和在被西方殖民的國家之間蔚爲風潮，正是人們強烈渴望擺脫無能、

無目的感的個人存在有以致之。因此，即使沒有俄國人推波助瀾，目前在亞洲風起雲湧的民族主義運動最後會帶來的，也很可能是一些多少集體化的社會而非民主社會。

一個專事剝削的殖民政權想要長治久安，就應該鼓勵土著加強他們的集體紐帶。應該在他們中間鼓吹平等和手足情誼。因爲被統治者彼此融合在一個整體中的程度愈大，個人落寞的情緒就愈少；這樣，困苦轉化爲失意感和叛亂的過程就可以被防範於未然。當「分而治之」的政策是著力於削弱被統治者之間的所有紐帶時，它將不會奏效。把一個村莊、部落或國家分割爲獨立的個人，並不能窒息或消除當地人民的反抗心理。有效的分化政策是培養盡量多的團體（種族的、宗教的或經濟的），使它們互相競爭和猜忌。

即使一個殖民國家完全出於善意，一心以把繁榮進步帶給落後地區的人民爲念，它還是必須盡所能保存和強化原有的組織形式。它不能只把焦點放在個人，而必須把革新和改良灌注到部落或村落裡去，使部落或村落得以整體獲得進步。一個落後國家想要實現現代化，大概都少不得一個堅強的團體行動架構。

日本現代化的空前成功，就是在團體行動和群體意識的熱情氣氛中取得的。

作爲一個殖民國家，蘇聯佔便宜的地方（除了沒有種族偏見）是它有一個現成的、有效的集體行動架構。因此它可以罔顧甚而掃除殖民地各種既有的團體紐帶，而不怕會引起個人不滿並演變爲叛變。對土著進行蘇維埃化並不會讓他們孤孤單單落入一個帶敵意的世界。他們會以一個緊密團體成員的身份展開新生活，而這個團體的緊密性和凝聚性要比他們原屬的氏族或部落猶有過之。

這種加強共同體紐帶的方法除了可以安撫殖民地人民的不滿情緒，也可以用於安撫殖民工業國家國內工人的不滿情緒。

雇主要是想工人安於工作，竭力從事生產，那他使用分化的方法——也就是在工人間挑撥離間的方法——將無法達成目的。更符合他利益的做法毋寧是使工人覺得自己是一個整體的一部份（若能把雇主包含在這個整體中就更好了）。一種強烈的團結感，不管是種族、國家或宗教上的，無疑是防止工人不安分的最有效方法。經驗顯示，當工人感覺自己是團隊的一員，他的生產力將會是最大的。任何企圖擾亂或拆散這團隊的政策都一定會引起嚴重麻煩。「按個人表現發獎金的鼓勵辦法總是弊多於利……倒不如按照全體工作成績表現頒發團體獎金，最好是連工頭都包括在內……這樣做看來更能促進生產力，而工人方面也會更滿意。」㉓

34 把失意者融化到一個緊密無間的集體中

一個新興群衆運動賴以吸引和維繫追隨者的，不是主義與承諾，而是能不能提供人們一個避難所，讓他們可以逃離焦慮、空虛和無意義的生活。它能夠治療嚴重的失意者，不在於提供一種絕對眞理，或是解決他們生活上的困難，而在於能讓他們擺脫無能的「自我」。而它之所以做到這一點，靠的是把失意者融化到一個緊密無間的集體中。

因此，一個群衆運動想要取得成功，必須從最早階段就發展出緊密的組織和一種把加盟者整合起來的能力。依主義的眞確性和承諾的可實現性去判斷一個群衆運動的存活能力是徒勞的。眞正有效的判準是看看它的組織是不是能迅速和完全把失意者融合起來。凡是有幾種新信條互相競爭信徒的地方，會勝出的都是集體組織最完美者。在羅馬帝國境內競爭的衆多信仰與哲學派別中，只有基督宗教是一開始就發展出緊密組織的。「基督教會沒有一個對手擁有它那樣強有力而凝聚的結構。沒有其他的勢力能讓它們的信徒感受到，他們進入了一個緊密無間的共同體。」㉔布爾什維克黨在奪取政權的競爭中，之所以能超越其他馬克思主義流派，靠的也是緊密的組織。同樣的，納粹運動能打敗一九二〇年代德國多如雨後春筍的其他民粹運動，亦是因爲希特勒很早體認到，一個新興的群衆運動再怎樣強調凝聚性也不爲過。他知道失意者的主要渴望是「有所歸屬」，而要滿足這種需要，一個組織把個人空間壓縮得多小都不嫌過火。

35 瓦解中的集體結構是群眾運動萌芽的最佳環境

最有利群眾運動興起和傳播的環境，是一個原本就有緊密組織但卻因爲某種理由而處於解體中的社會。基督宗教興起和擴散的時代，就是「一個有大量人流離失所的時代。那些原本緊密的城邦一部份被一個大帝國所呑沒……而舊有的社會與政治群體不是已經弱化就是已經解體。」㉕基督宗教傳教最成功的地方是城市，因爲城市裡住著「數以千計離鄉背井的人，有些是奴隸，有些是自由人，有些是商人，他們都是被迫或自願地從其世代居住的環境裡分離出來的。」㉖反觀在傳統生活方式未受嚴重擾亂的鄉村地區，基督宗教的發展並不理想。居住在鄉間或荒野的異教徒繼續死守著古代信仰不放。類似情形也見於民族主義和共產主義興起的十九世紀後半葉：「在那幾十年間，人口的高度流動性和都市化使大量人離鄉背井。因爲經濟上極不安定和心理上適應不良，他們很容易爲煽動性的宣傳所感染，不管那是來自社會主義還是民族主義的宣傳。」㉗

看來這是一條一般法則：當既有的集體紐帶弱化，供一個群眾運動興起的條件就告成熟，並會在最終建立起一種新的和更有活力的緊密集體。當一個無所不管的教會控制力鬆弛，新的宗教運動往往就會出現。威爾斯（H. G. Wells）指出，在宗教改革的時代，人們「反對的不是教會的權力，而是它的弱化。……他們在教會內外發動反教會運動，並非要從宗教的控制下獲得釋放，而是希望得到更充分更多樣的宗教控制。」㉘如果一地的宗教情緒已經被啟蒙運動動搖，那代舊教會而崛起的，就會是一個社會主義或民族主義或種族主義運動。法國大革命——它同時是一場民族主義運動——真正要反對的不是天主教會和舊王朝的專制，而是它們的軟弱無能。當一個極權社會的人民揭竿起義時，他們要反對的不是它的邪惡，而是它的軟弱。

在社會紐帶強固的地方，群眾運動難以找到立足點。不管是在巴勒斯坦還是在離散時代，猶太人的高度凝聚性大概就是基督宗教難以打入猶太人中間的原因之一。聖殿被毀一事如果對猶太人的凝聚性有任何影響的話，那就是讓這種凝聚性更強。從前流向聖殿和耶路撒冷的宗教虔誠並沒有消失，只是流向了猶太會堂和猶太學校。後來，當基督教會有權力把猶太人隔離在隔都（ghetto）㉙，卻反而更加固了猶太人的凝聚力，無意中讓猶太教得以歷許多個世紀而不衰。不過，「啓蒙運動」的來臨卻動搖了猶太教的正統和隔都的牆。猶太人在一夕間發現自己成了孤單的個人，無助地置身在充滿敵意的世界。這樣的事，自約伯（Job）和〈傳道書〉的時代以來，在猶太人的歷史上還是頭一遭。再沒有集體是可以讓他們融入其中的。猶太會堂和聚會所成了沒有生命的東西，而兩千年來的傳統與偏見也讓他們無法完全融入異教徒的集體中。因此，現代猶太人成了自主性最高的個人，也就無可避免是失意感最深的。這就不奇怪，很多現代的群眾運動都在猶太人中間找到現成的信徒。他們也擠滿各種可以通向紓緩失意感的道路，例如忙於賺錢或移民。或是一頭投入於追求物質性的成就和創造性工作，以證明自己的存在價值。當然，還是有一個微弱的集體是一個猶太人可以自力創造的，那就是家庭。但在歐洲，猶太人這唯一的蔭庇所卻被希特勒的集中營與煤氣室所絞碎、烤焦。因此，今天的猶太人（特別是歐洲的猶太人）要比從前任何時候都是更理想的群眾運動皈依者。猶太復國運動不遲不早，偏偏在猶太人這個歷史上最黑暗的時刻出現，彷彿就是上帝的旨意。它用一個新的集體撫慰了猶太人的個人孤立。以色列確確實實是一個稀有的蔭庇所：它既是家園，又是家庭；既是國家，又是革命政黨。

德國的近代史也為集體紐帶與群眾運動的關係提供了例子。在德皇威廉主政的時代，真正的革命運動很難興起。德國人對於德皇的極權與專制感到滿意，哪怕第一次世界大戰戰敗，仍然沒有改變德國人的這種偏愛之心。一九一八年的革命只是一件人為事件，並沒有得到大眾的支持，隨之而來的威瑪共和，在多數人的心目中只是一段可厭和屈辱的回憶。由於習慣了接受自上而下的命令和服從權威，鬆懈的民主政體讓他們覺得亂七八糟。他們震驚於「他們必須參與政府，選擇一個政黨和對政治事務作出判斷。」㉚因此，他們盼望有一個新的政治整體，一個比德皇時代更為剛強果斷、無所不管和雄壯威武的政府——第三帝國完全滿足了他們的願望。希特勒的極權政權一經站穩，就用不著擔心會出現群眾革命。只要納粹的統治集團願意扛起一切責任、下達各種大小決策，民間就不會有反對聲浪。只有當納粹紀律廢弛，極權統治鬆懈，危險才會出現。

托克維爾有關君主專制政體的一個論述也適用於其他極權秩序：它們最危險的時刻就是開始改革的時刻，也就是開始流露自由傾向的時刻。㉛

健全的集體結構會對群衆運動免疫，而瓦解中的集體結構則是群衆運動萌芽的最佳環境——這個道理，也可以從軍隊與群衆運動的關係得到證明。幾乎從未有過一支組織健全的軍隊發動過宗教運動、革命運動或民族主義運動的例子。相反的，解體中的軍隊——不管其解體是因爲有秩序的復員還是因爲士兵士氣低落而紛紛開小差——則是群衆運動的沃土。剛脫離部隊的人是群衆運動理想的招募對象，而在所有當代群衆運動的最早期依附者之中，都可以找得到他們的身影。他們感到孤單，在「人人皆有自由」的平民生活中茫然若失。獨立自主生活所包含的責任性和不確定性壓得他們透不過氣。他們渴望確定性，渴望同志情誼，渴望可以不用負個人責任。總之，他憧憬的是迥異於競爭性自由社會的東西——而興起中的群衆運動，正好可以提供他們嚮往的弟兄之愛和再生氣氛。㉜

畸零人

Misfits

36 暫時性的畸零人

不同的畸零人失意感強度差異懸殊。首先是暫時性的畸零人：他們尚未達成志向，但還沒有放棄希望。青春期的少年、失業的大學畢業生、退伍軍人、新移民等皆屬此類。他們惶惶不安、心懷不滿，整天唯恐志向能伸以前，人生的黃金歲月已經消逝。這類人很容易受群衆運動的宣傳感染，但卻不是總會成爲堅定不移的信徒。這是因爲他們並未完全疏離自我，並未把自己的人生視爲一敗塗地，無可挽回。他們還是會憧憬一種有意義和有希望的獨立自主生活。只要有一點點進步和成就，就足以使他們和這個世界以及自我取得協調。

退伍軍人在群衆運動初起時的作用，上節已略有述及。如果兩個國家的軍隊長期交戰，則不論戰勝國還是戰敗國，戰後都會經歷一段社會不安的時期。理由既不在於人們的暴力傾向戰時被釋放了出來，也不在於人們對社會秩序失去了信心。眞正的理由毋寧是數百萬軍人在外作戰太久，與平民生活格格不入。復員後的軍人會發現他們難以適應戰前生活的韻律。再度適應和平與家庭生活是一個緩慢而痛苦的過程，導致全國到處是些暫時性的畸零人。

由此看來，對一個習於安定的國家而言，從戰爭狀態進入和平狀態要比從和平狀態進入戰爭狀態更困難。

37 永久性的畸零人

另一種畸零人是永久性的畸零人。所謂永久性的畸零人，是指因爲缺乏才幹，或身心上有不可補救的缺陷，故而無法達成生平願望的那些人。即使他們在其他領域成績傲人，仍然不會得到滿足感。他們從事任何追求都會激情急躁，也不會停下來。他們證明了一個道理：對於不是我們眞正想要的東西，得到再多也不會讓我們滿足。我們跑得最快、跑得最遠的時候，就是逃離自我的時候。

永久性畸零人只有完全擺脫自我時才會覺得找到救贖，而他們一般都能夠在群衆運動的集體性中埋葬自我。他們放棄個人的意志、判斷和野心，把所有力量奉獻給一份永恆大業，從此再也用不著無了期地東追西逐。

在永久性的畸零人中，失意感最深的是那些有創作渴望卻無法滿足的人。他們從事寫作、繪畫、作曲等等，卻一敗塗地；要不就是曾經顯露過才華，後來卻江郎才盡，自知再也不會創作出有價值的作品。這兩類人都會被絕望感籠罩。在別的領域取得名聲、權力或財富，甚至建立了什麼不朽的功績，都不足以消解他們的饑渴。即使他們全心全意奉獻於一種神聖偉業也不總是奏效。他們那種遏制不住的饑渴依然存在，而他們在爲其神聖偉業服務時也很容易成爲最暴力的極端份子。㉝

極端自私的人

The Inordinately Selfish

38 極端自私的人往往是無私精神最勇猛的捍衛者

極端自私的人特別容易有失意感。一個人愈自私，失望時就愈難熬。因此，極端自私的人往往是無私精神最勇猛的捍衛者。

最兇暴的狂熱者，往往是一些本來自私但卻因爲某些原因（內在缺陷或外在環境）而被迫失去對「自我」的信仰的人。於是，他們不再把高明的利己手段拿來服務其無能的自我，轉而用於服務一件神聖事業。即便他們信奉的是一種鼓吹愛與謙卑的宗教，但他們既不會去愛，也不會謙卑。

面對無窮機會的野心者

The Ambitious Facing Unlimited Opportunities

39—面對無窮的機會時，無可避免會看不起現在

機會無窮就像機會稀少或缺乏一樣，可以是失意感的有力來源。當一個人面對無窮的機會時，無可避免會看不起現在。他會想：「我現在所做或可以做的一切，與我所未做的事相比，就像雞食那樣微不足道。」這種失意感特別容易縈繞淘金者和榮景時代的淺狹心靈。正因爲這樣，一件乍看怪異的事實就產生了：淘金者、掠地者和追求一夕致富者這些明明是最自利的人往往極樂於表現自我犧牲精神和參與群體行動。基於這個緣故，面對無窮機會的人要比那些選擇有限、只能過按部就班生活的人更能接受愛國主義、民族團結甚至革命的宣傳。

少數民族

Minorities

40 在一個行將被同化的少數民族裡，最容易被群眾運動吸引的，是最有成就和最沒成就這兩類人

不管得到多少法律保障和武力保護，少數民族的處境總是岌岌可危。不安全感無可避免又會帶來失意感。然而，一個矢志保存民族認同的少數民族，其所感受到的失意感，要比行將解體、融入他民族的少數民族來得低。一個矢志保護自己認同的少數民族會是一個緊密的整體，個人會在其中得到護蔭和歸屬感，不容易產生失意感。反之，一個行將被同化的少數民族，個人是孤孤單單的，得獨自忍受偏見與歧視，甚至還會隱隱約約有變節的罪惡感。正統猶太人的失意感要少於世俗化的猶太人，其理在此。同理，美國南方被隔離的黑人也

較北方的自由黑人少些失意感。

另外，在一個行將被同化的少數民族中間，最有成就和最沒成就的兩類人又比成就中庸的人感到更大的失意感。失敗者本來就易於自視爲邊緣人，而如果他又是少數民族身份，他的失敗會讓他的無歸屬感更形濃烈。同樣感受也會出現在少數民族的成功者身上。他們儘管有名有利，卻往往難以打入多數民族的圈子，這使得他們格外意識到自己是個外人。另外，他們因爲成功而自感優越，所以痛恨暗示他們低人一等的同化過程。由是可以推論，在一個行將被同化的少數民族裡，最容易被群衆運動吸引的，是最有成就和最沒成就這兩類人。在義大利裔的美國人之中，最仰慕墨索尼里的是這兩類人，在愛爾蘭裔美國人中間，對德瓦勒拉（De Valera）㉞的呼籲最反應踴躍的也是這兩類人。對猶太復國運動支持最力的是最有成就和最沒成就的猶太人。最有種族意識的美國黑人是成就最高和成就最低的黑人。

煩悶者

The Bored

41 在蠢動不安中，人們對改變現狀者鼓掌叫好

社會大氣候是否已成熟得讓群衆運動萌芽，最可靠的指標莫過於是否有一股濃厚的煩悶氣氛瀰漫。幾乎所有有關群衆運動發生前一段時期的敘述，都會提到普遍的厭煩情緒。當一個群衆運動剛開始的時候，它得自煩悶者的同情和支持，往往要多於被剝削者與被壓迫者。對一個蓄意煽動群衆運動的人來說，得知全民都有煩悶無聊之感，會比得知全民都飽受經濟和政治剝削，更加感到鼓舞。

人們會感到厭煩，主要是他們的自我讓他們厭煩。意識到自己生活貧乏和無意義是人們厭煩感的主要來源。反之，沒有孤立感的個人——如一個部落、

教會或政黨的成員——不容易爲煩悶所感染。只有從事創作或得爲三餐餬口的人才不會有煩悶感。追求享樂和放蕩不羈都不是緩和煩悶的有效方法。即使一個人生活環境並不太壞，但要是他缺乏從事創作工作或有用活動的能力或機會，那爲了賦予生活以意義及目的，他在受到宣傳的煽動後會作出多狂熱的轉變，是誰也不敢低估的。

煩悶心理也可以解釋爲什麼在幾乎任何群衆運動產生的初期，總有些老處女與中年婦女廁身其間。就連伊斯蘭教和納粹黨這麼反對婦女外出工作的組織，我們都可在它們初創階段找到一些扮演重要角色的婦女。

結婚對婦女來說在許多方面猶如參加一個群衆運動。結婚爲她們提供了一個新的生活目標、一個新的未來和一個新的身份（從夫姓）。對於老處女和不能在婚姻中享受快樂與滿足的婦女，她們的厭煩源於生活的單調乏味。透過擁抱一項神聖偉業，透過把精力和資財奉獻於推動這項偉業，她們就獲得了一種充滿意義的新生活。希特勒充分利用了「那些渴望冒險、厭於空虛生活，不再能在愛情生活中找到樂趣的上流貴婦。」㉟在德國一些大工業家聽過希特勒的名字以前，他們的太太早給他捐過不少錢。㊱布萊德（Miriam Beard）告訴我們，一些生活無聊的商人婦對法國大革命發揮過同樣作用：「她們飽受空虛無聊折騰，悶氣無所宣洩。在蠢動不安中，她們對改變現狀者鼓掌叫好。」㊲

罪犯

The Sinners

42 愛國主義是歹徒的最後歸宿

「愛國主義是歹徒的最後歸宿」——這句挖苦話並非全無道理。狂熱的愛國主義和宗教或革命的激情一樣，常常可以作爲罪惡感的撫慰之所。說來奇怪，不管是傷害者或被傷害者、犯罪的人和被侵犯的人同樣可以在群衆運動中找到一個逃避他們污染了的人生的出口。看來，悔恨與悲憤都可以驅使人走向同一個方向。

群衆運動有時看起來簡直是爲罪犯的需要量身訂造：它們不只可以「淨化」罪犯的靈魂，還可以讓他發揮性向與能力。群衆運動的宣傳手法是喚起信徒一種悔罪罪犯般的情緒與心靈狀態。㊳在本書第三部我們將會說明，成員的自我犧牲精神乃是一個群衆運動的向心力與活力之所繫，然而，自我犧牲本身就是一種悔罪般的行爲，因爲要是沒有深切的罪惡感，一個人根本不會有悔罪的念頭。因此，群衆運動的策略，是要把一種病傳染給人，然後又把自己說成治病的藥方。一位美國牧師就感嘆說：「我們美國神職人員的工作有夠難：向一群大都沒有眞正罪惡感的人傳揚救世主的福音。」㊴一個有力的群衆運動會培養其追隨者的罪惡感。它不但會把人的自主「自我」形容爲貧乏和無助的，還會把它說成是罪孽深重。悔罪的方法是拋棄個人的特殊性和獨立性，得救的方法是把自我掩埋在團體的神聖一體性中。㊵

所有群衆運動都對罪犯寬大爲懷，而且對他們熱烈招手。第二次十字軍東征的發起人聖伯爾納呼籲人們加入十字軍時這樣說：「這是一個絕好而無價的得救機會，全能的上帝俯允無知者、殺人者、搶奪者、淫亂者、僞證者和犯有各種罪行的人爲祂服務。」㊶革命時期的俄國儘管對異端——意識形態上有偏差的人——絕不容情，但對一般罪犯同樣寬大爲懷。有一點大概是眞理：與尊重生命財產的人相比，罪犯在擁抱一件神聖偉業之後會更願意拋頭顱、灑熱血。

犯罪在某種程度上是群衆運動的替代品。在輿論和法律並不十分嚴厲而貧窮並非絕對的地方，不滿現狀的人和畸零人往往會以犯罪宣洩壓力。前面亦指出過，在群衆運動興盛的地方，犯罪率會較低。

註釋

①社會是由最優秀者與最低劣者左右的一個小事例是語言。一個國家的俚語行話都是由最優秀者（政治家、詩人、作家、科學家、專家）和最低劣者創造，循規蹈矩的中間階層則只敢謹守字典的規定。

② Charles A. and Mary R. Beard, *The Rise of American Civilization*（New York: Macmillan Company, 1939）, Vol. 1, p. 24.

③ Angelica Balabanoff, *My Life as a Rebel*（New York: Harper &Brothers, 1938）, p. 204.

④ Edward A. Ross, *The Changing Chinese*（New York: Century Company, 1911）, p. 92.

⑤ Alexis de Tocqueville, *On the State of Society in France Before the Revolution of 1789*（London: John Murray, 1888）, p. 149.

⑥同上書，頁一五二。

⑦ Lyford P. Edwards, *The Natural History of Revolution*（Chicago:University of Chicago Press, 1927）, p. 70.

⑧《新約・羅馬書》八章二十五節。

⑨見第一一六節。

⑩ I. A. R. Wylie, "The Quest of Our Lives," *Reader's Digest*, May 1948, p. 2.

⑪ Crane Brinton, *A Decade of Revolution*（New York: Harper Brothers, 1934）, p. 161.

⑫ Ernest Renan, *The Hibbert Lectures, 1880*（London: Williams and Norgate, 1898）, Preface.

⑬ Epictetus, *Discourses*, Book I, Chap. 2.

⑭ Arthur J. Hubbard, *The Fate of Empires*（New York: Longmans Green & Company, 1913）, p. 170.

⑮《馬太福音》十章三十五至三十七節。

⑯同上書，四十七至四十九節。

⑰同上書，八章二十二節。

⑱同上書，十章二十節。

⑲ Kenneth Scott Latourette, *The Chinese, their History and Culture*（New York: Macmillan Company, 1946）, Vol. I, p. 79.

⑳〔譯註〕公元十一、二世紀的基督教士，第二次十字軍東征發起人。

㉑ Brooks Adams, *The Law of Civilization and Decay*（New York: Alfred A. Knopf, Inc., 1943）. p. 142.

㉒ Quoted by Nicolas Zernov, *Three Russian Prophets*（Toronto: Macmillan Company, 1944）, p. 63.

㉓ Peter F. Drucker, "The Way to Industrial Peace," *Harper's Magazine*, Nov. 1946, p. 392.

㉔ Kenneth Scott Latourette, *A History of the Expansion of Christianity*（New York: Harper & Brothers, 1937）, Vol I, p. 164.

㉕同上書，頁二三。

㉖同上書，頁一六三。

㉗ Carlton J. H. Hayes, *A Generation of Materialism*（New York: Harper & Brothers, 1941）, p. 254.

㉘ H. G. Wells, *The Outline of History*（New York: Macmillan Company, 1922）, p. 719.

㉙〔譯註〕強制性的猶太人聚居區。

㉚ Theodore Abel, *Why Hitler Came into Power*（New York: Prentice-Hall, 1938）, p. 150.

㉛ Alexis de Tocqueville, *op. cit.*, p. 152.

㉜第三八節有更多關於退伍軍人的討論。有關軍隊與群眾運動的關係，還可以參見第六四節。

㉝見第一一一節。

㉞〔譯註〕愛爾蘭獨立運動領袖。

㉟ Hermann Rauschning, *Hitler Speaks*（New York: G. P. Putnam's Sons, 1940）, p. 268.

㊱同上書，頁二五八。

㊲ Mirlam Beard, *A History of the Businessman*（New York: Macmillan Company, 1938）, p. 462.

㊳「……一個罪人悔改，在天上也要為他這樣歡喜，較比為九十九個不用悔改的義人歡喜更大。」（《新約・路加福音》十五章七節）猶太教典籍《塔木德》（Talmud）裡也有類似的話：「懺悔者站立的地方，全然正直的人不配站。」（轉引自 Joseph Klausner, *Jesus of Nazareth*, p. 380.）

㊴ A letter in *Life*, Dec. 23, 1946, written by R. S. Aldrich.

㊵參考第四五節論俄國人的自我批判部份。

㊶ Quoted by Brooks Adams, *The Law of Civilization and Decay*（New York: Alfred A. Knopf, Inc., 1943）, p. 144.

3

團結行動與自我犧牲

United Action and Self-sacrifice

前言

Preface

43 無論團結或自我犧牲精神都需要以自輕為前提

一個群眾運動的活力繫於信徒的團結一致，勇於自我犧牲。當我們把一個群眾運動的成就歸功於它的信仰、主義、宣傳、領導或冷酷無情時，我們觸及的只是它們賴以促成團結和自我犧牲精神的方法。除非我們能認識到它們孜孜以求的是，培養和鞏固團結與自我犧牲的精神，否則就難以了解群眾運動的本質。如能知道培養這種精神的過程，我們就能掌握群眾運動的特性與策略的內在邏輯。除少數例外①，任何群體或組織要是試圖建立緊密一體性的群體或組織，一般都會展現出一個群眾運動的特點（包括高尚與卑下的方面）。反之，在承平時期，一個民主國家是自由個人間的制度性連結。然而，碰到危機，當這個國家的生存備受威脅，它就會想辦法加強團結，鼓勵人民準備好自我犧牲；這些時候，它幾乎總會表現出若干程度群衆運動的性格。宗教和革命組織也是同樣情形：它們能否發展爲群衆運動，賴的不是主義或綱領，而是在於它們把多少心思花在創造團結和自我犧牲的精神。

要強調的是，沈重的失意者會自然而然產生集體行動和自我犧牲的傾向。因此，如果能夠得知這些傾向爲何會自發於失意者身上，我們就可能得知這些傾向的性質，以及有什麼人爲方法是可以刻意培養這些傾向的。「失意者」的苦惱何在？在於他意識到自己的自我已敗壞得無可補救。他們的主要渴望是逃避自我——正是這種渴望讓他們傾向於集體行動和自我犧牲。厭惡有缺點的自我、遺忘它、擺脫它的衝動，同時會讓人願意隨時自我犧牲和把自己掩埋在一個緊密的集體中。換言之，失意感不但會讓人產生團結和勇於犧牲的渴望，甚至會創造出讓這樣的事情實現的機制。如下所示，鄙視「現在」、易於仇恨、模仿、輕信等等縈繞強烈失意者的性向情緒，乃是團結的催化劑和無所顧忌行動的促成者。

以下的第四四到一〇三節將試圖顯示，當我們要誘導一群人產生團結行動和自我犧牲的精神時，我們會竭盡所能——不管我們自覺與否——鼓勵他們疏離「自我」，努力在他們身上培養出失意者（失意者是主動疏離「自我」的人）會有的各種態度和衝動。簡單來說，我們是要試圖顯示，一個積極群衆運動的主要策略，是在其追隨者中間誘導培養一種失意者的心理和行爲傾向。

料想得到，讀者對這部份的論點一定會有許多異議。他會覺得，有好些事情被誇大了，而有好些事情被忽略了。但本書並不是一部權威性的教科書。它是一部思考之書，並不避諱提出一些片面的眞理，因爲有時片面的眞理也可以開闢新的思路，幫助架構一些新的問題。「爲了闡明一條原理，」白哲特（Bagehot）說過，「你必須誇大很多事情而又略去許多事情。」

團結行動的能力和自我犧牲的精神看來幾乎總是形影不離的。我們若聽說一個團體的成員完全置死生於度外，就可想見他們的關係必然十分緊密團結。②同樣地，如果我們碰到一個緊密團體的成員，猜他是個視死如歸的人往往八九不離十。無論團結或自我犧牲精神都需要以自輕爲前提。爲了成爲一個緊密團體的一份子，個人得拋棄許多東西。他必須放棄隱私，不能有個人意見，也往往不能有個人財物。因之，每一種促成團結的工具也是促進自我犧牲精神的方法，反之亦然。不過，在接下來的各節，爲了論述的清晰起見，我們還是會把兩者分開來討論。但我們不應忘了它們只是一體的兩面。

於此不妨簡述第四四至六三節的大綱，它們談的是促進成員自我犧牲精神的方法。

想要培養出人們隨時準備好戰鬥和赴死的心態，訣竅在於把個人從他的血肉之我（flesh-and-blood self）分離出來。有幾個方法可以做到這一點：把他徹底同化到一個緊密的團體（第四四至四六節）；賦予他一個假想的自我（第四七節）；灌輸他一種貶抑「現在」的態度（第四八至五五節）；在他與眞實世界之間架設一道帷幕（第五六至五九節）；透過誘發激情，阻止個人與其自我建立穩定的平衡（第六〇至六三節）。

促進自我犧牲精神的方法

Factors Promoting Self-sacrifice

把個人同化到集體

44 當代群眾運動的反個人主義偏執

要讓一個人產生自我犧牲精神，必須撕去他的自我同一性和特殊性。不能再讓他是個喬治、漢斯、伊凡或多田男，也就是不能讓他是個由生與死兩端所限制住的一個人類原子。要達成這個目標最激烈的方法，是把一個人完全同化到集體之中。被完全同化到集體裡去的個人不會把自己或別人視爲人類。當被問到他是誰的時候，他會自然而然回答說他是德國人、俄國人、日本人、基督徒、穆斯林、某一部族或家族的一員。他沒有自己的價值、目的與命運可言；

只要集體存在一天，他就沒有死亡可言。

對完全沒有歸屬感的人而言，最重要的事情莫過於生命。那是虛無的永恆中的唯一眞實，而他會恬不知恥地死命抓住它不放。杜思妥也夫斯基在小說《罪與罰》裡（第二部第四章）鮮明地刻劃出這樣的心靈狀態。大學生拉斯柯尼科夫在聖彼得堡的街頭徘徊，精神處於錯亂狀態。幾天前，他用斧頭謀殺了兩個老婦人。他覺得他和人類的關係被切斷了。走過乾草市場附近的紅燈區時，他心裡想：「假如一個人不得不生活在一塊只容立足的危崖岩突上，周圍是大海、無盡的黑暗、無盡的孤獨、無盡的暴風雨；如果他不得不站在只有一俄尺大小的地方，站一輩子、站一千年，以至永遠——這樣活著，也比立刻死去要好！只要活著，活著，活著！任何好死都不如歹活！」

想要把一個人完全同化到集體，對個人特殊性的抹煞必須要徹底。他的歡樂與哀愁、驕傲與自信都必須源自團體的機運與權能，而不是源於他個人的前途和能力。特別重要的是，必須不能容許他有孤立感。哪怕是被困在一個荒島上，他都必須仍然覺得處於團體的注目之下。要讓他覺得，失去與群體的關聯不啻於失去生命。

這毫無疑問是一種原始的生存狀態，而它的最典型例子也可以在原始部落中找到。群衆運動努力要趨近這種原始的典型，所以，如果說當代群衆運動的反個人主義偏執讓我們有一種原始時代的印象，這印象其來有自。

45 透過認同，個人不再是他自己而成了某種永恆之物的一部份

抗高壓的能力部份源自一個人對群體的認同感。在納粹集中營，最能挺得住煎熬的是那些覺得自己是隸屬某個黨或教會或民族主義團體的人。反之，所有個人主義者（不分國籍）全都陷於崩潰邊緣。西歐的猶太人是最沒有抵抗力的。他們受到異邦人（包括集中營裡的異邦人）的輕蔑，與猶太社群又無實質的聯繫，只能單獨面對他的折磨者，儼然受到全人類所遺棄。我們現在已經可以體會到，中世紀的隔都對猶太人來說與其說是一座監獄，不如說是一座城堡。當中世紀的殘酷在我們的時代重演，猶太人因爲失去了古代的防衛方式，所以輕易就被人揪出來，加以踩死。

由此我們可以得到一個推論：碰到苦難和死亡的威脅，個人是無法依賴自己的勇氣的。他僅有的力量來源不在他自身，而在於他隸屬某一個偉大的、光榮的、不可摧毀的集體。這種信仰主要來自認同；透過認同，個人不再是他自己而成了某種永恆之物的一部份。不管是我們準備好爲人類、後代子孫、某個

宗教、國家、種族、政黨或家族而死，它們都不過是我們行將被消滅的自我所依附的永恆之物的具象化罷了。

一想到我們時代的獨裁領袖有多聰明，就讓人不寒而慄。他們不只知道有什麼方法可以磨利其追隨者的意志，還知道同一個方法反過來用，可以折斷其反對者的意志。在清算布爾什維克的老幹部時，史達林成功地把這些自負而勇敢的人一個個變成畏縮的懦夫。他的方法是徹底切斷他們與服務了一輩子的黨以及俄羅斯廣大群眾的聯繫。這些老布爾什維克久已中斷與俄羅斯以外的世界的聯繫。他們也棄絕了上帝。對他們來說，出了神聖的俄羅斯與共產黨的範圍外，就沒有過去與未來可言，也沒有記憶與光榮可言——但不管是俄羅斯或共產黨都已經不可逆地掌握在史達林的手裡。用布哈林（Bukharin）的話來說，他們覺得自己「孤立於每一種構成生活要素的事物之外」。於是他們認了罪。他們在群眾面前自我批判，藉以打破孤立。他們辱罵自己，指責自己犯有滔天大罪，藉以重建他們與那永恆集體之間的聯繫。

奇怪的是，這些在史達林的祕密警察面前俯首貼耳的人，面對納粹入侵時卻表現出無比的勇氣。造成這種差別的理由不在於史達林的祕密警察比納粹軍隊更爲殘酷，而在於他們是以孤單個人的身份面對祕密警察，但面對納粹時卻自感是一個偉大民族的一員，這民族擁有一個光榮的過去和一個更光榮的未來。

猶太人的情形也類似，從他們在歐洲的窩囊樣，你絕不會料得到他們後來在巴勒斯坦會有如此表現。巴勒斯坦英國殖民官員執行的是一種看似合邏輯而實際缺乏洞見的政策。他們認爲，既然希特勒沒花多少氣力就滅絕了六百萬猶太人，那麼巴勒斯坦區區六十萬的猶太人應該不會太難駕馭。然而到頭來他們卻發現，巴勒斯坦的猶太人雖然是新移民，卻是可怕的敵人：無所顧忌、頑強倔強、足智多謀。英國殖民官員所不明白的是，在歐洲，猶太人是以個人的心態面對敵人，宛如飄浮在虛無永恆的一抹微塵。但在巴勒斯坦，他們不再感到自己是一顆小原子，而是隸屬於一個永恆的民族——這民族背後有一個古老得難以記憶的過去，面前是一個耀眼奪目的未來。

46 鐵幕兼具物理性與心理性的作用

克里姆林宮的理論家大概已經意識到，要讓俄國民衆順服，就不可讓他們有絲毫機會認同俄國以外的任何集體。鐵幕的作用，與其說是阻止間諜與破壞者的滲透，不如說是爲了防止俄國人與外面世界接觸（包括思想方面的接觸）。因此，鐵幕兼具物理性與心理性的作用。完全禁止移民（甚至包括禁止嫁給外國人的俄國女性移民）可以讓俄國人對外面世界的印象模糊，會讓他們覺得，外面的世界儼如另一個星球。心理上的壁壘也同樣重要：克里姆林宮的厚顏無恥宣傳致力於說服俄國民衆，出了神聖俄羅斯的範圍，沒有任何有價值和永恆的東西，沒有任何值得欽佩和尊敬的東西，也沒有任何值得認同的東西。

47 透過遊行、檢閱、儀式和典禮之類的活動，群眾運動可以觸動每一個心靈的心弦

若是作為儀式、典禮、戲劇表演或遊戲的一部份，捐軀或殺人都顯得不難。所以，為了讓人面對死亡而不皺眉頭，就有必要加入一些戲劇元素。在我們的小我看來，天上地下沒有一樣東西是值得它為之效死的。只有當我們自視為舞台上的演員，死亡才會失去其恐怖性和終極性，而成為一種模擬行為和戲劇姿態。一個能幹領袖的主要職責之一，是為他的追隨者製造一種幻想，讓他們覺得自己是從事什麼了不得的大事，是在進行某種肅穆或輕鬆的表演，從而忘了生死問題的嚴重性。

希特勒給八百萬的德國人穿上戲服，讓他們演出一齣雄偉、壯烈、血腥的

歌劇。在哪怕蓋一間廁所都需要人作出若干自我犧牲的俄國，生活本身就是一齣不間斷的、激動人心的戲劇，這戲劇已上演了三十年，迄今沒有結束的跡象。倫敦人在彈如雨下的空襲中表現英勇無畏，是因爲邱吉爾給他們編派了英雄角色。他們在一群龐大觀衆（包括古人、今人和後人）前面扮演英雄，舞台有熊熊烈火作照明，背景音樂是隆隆砲聲和呼嘯的炸彈聲。在個人分歧性如此巨大的今天，有沒有任何要求人民作出自我犧牲的方案可以在沒有戲劇花招與煙火的配合下實現，令人懷疑。所以，我們無法想像，在沒有營造色彩繽紛的戲劇性氣氛的情況下，英國工黨政府目前推動的社會化方案——這方案要求每個英國人都作出若干犧牲——要怎樣才能落實。多數工黨領袖都不事誇張造作，而這是一種人格誠正的反映，但這樣一來，他們一心一意推動的國有化方案勢將舉步維艱。③

赴死和殺人的艱鉅事業不能缺少戲劇元素，在軍隊方面尤其明顯。制服、旗幟、軍徽、閱兵、軍樂以及繁縟的儀式禮節，目的都是爲了讓士兵忘了他的血肉之軀，以及把生死問題的絕大眞實性掩蓋起來。戰場常被稱爲戰爭舞台，戰況常被稱爲戰爭場景，其理在此。下達作戰命令時，指揮官總不忘提醒部下，全世界都在注視他們，他們的祖先在看，後代子孫也會聽取他們的故事。偉大的將軍懂得怎樣在沙漠的黃沙與海洋的波濤裡變出大批觀衆來。「榮耀」基本上是一個舞台觀念。如果不是淸淸楚楚曉得有觀衆在看，演員就不會賣力追求榮耀。我們會願意拋頭顱、灑熱血，是因爲知道我們的英烈事蹟會爲同時代人和後來世代所記取。我們願意犧牲眞實、短暫的小我，換取永恆的大我。

對群衆運動來說，「戲劇元素」大概比任何其他方法能發揮更持久的作用。毫無疑問，透過舉辦遊行、檢閱、儀式和典禮之類的活動，一個群衆運動可以觸動每一個心靈的心弦。哪怕最冷靜的人也會因爲看到壯觀的群衆場面而動容。參與者和旁觀者都會感到溢於言表的歡欣雀躍。失意者大概要比自足者更易於受群衆的力量與光輝感染。這是因爲，逃離自我的渴望會讓失意者極願意在壯觀的群衆場面中隱沒自己。

貶低現在

48 群眾運動之所以常常會給自己設定很多不切實際的目標，乃是其對抗「現在」的策略

一個群衆運動初起時，看來都會歌頌現在，攻擊過去。它把現存制度和特權一律看成是老邁、惡毒的「過去」對於純潔的「現在」的侵蝕。但是，想要撼動「過去」這座堡壘，需要最大的團結和無限量的自我犧牲。換言之，那些被號召去攻擊過去以解放現在的人，必須自願放棄任何享受或繼承「現在」的機會。這種要求顯然是荒謬的。因此，一個群衆運動一旦開始加速，必然會改變強調的重點。「現在」——也就是原來的目標——會被推到幕後，「後代子孫」④——也就是「未來」——會取而代之。尤有進者，「現在」會被視爲不潔之物，與可憎的「過去」受到同等對待。至此，「過去」和「現在」被當成

一夥，戰線另一邊的是「未來」。

喪失個人生命等於喪失「現在」——但損失一個骯髒、乏善可陳的「現在」顯然不是什麼大損失。

一個群眾運動不只會把「現在」形容爲卑劣慘澹的，它還會刻意把「現在」塑造成那樣。它貶低歡樂和舒適，歌頌律己嚴格的生活。它視尋常享樂爲微不足道，甚至是可恥的，把追求個人歡樂視爲不道德。在乎快樂不啻是跟敵人——也就是「現在」——打交道。大部份群眾運動之所以會宣揚苦行理想，就是爲了培養信徒對「現在」的藐視。對五官之樂發動戰役，爲的是撼動捲纏著「現在」的頑強觸鬚。在色彩繽紛、氣壯山河的群眾大會的對照下，個人生活的慘澹和不值一文更形昭著。

群眾運動之所以常常會給自己設定很多不切實際的目標，乃是其對抗「現在」的策略的一部份。大凡行得通的或有可行性的事都是「現在」的一部份。標榜一些可能達到的目標，等於是肯定「現在」的價值，並與之妥協。反之，相信奇蹟則是意味著否定和睥睨「現在」。所以德爾圖良（Tertullian）⑤才會說：「祂從死裡復活⑥；這事情確定無疑是眞的，因爲那是不可能的。」這正是藐視「現在」的一種表示。最後，玩弄神祕主義也是群衆運動貶抑「現在」的一種方法。它把「現在」看成是一個廣大無邊的不可知世界的模糊和扭曲反映，換言之，是把「現在」看成一個幻影和假象。

49　希望一喪失，人群就會分裂

沒有對美好的「未來」抱有深信不疑的信仰，對「現在」的貶抑就不會徹底。因爲不管把「現在」描繪得有多麼不堪，如果未來在預期中只會更走下坡或把「現在」不變地維持下去，那我們就必然會和我們的環境妥協——不管這樣做有多艱難和會讓我們覺得自己有多卑劣。

所有群衆運動都會貶低「現在」，把現在說成只是通向光榮未來的初階，進入千福年門檻的踏墊。對一個宗教運動來說，「現在」乃是一個放逐地，是通向天堂的眼淚谷。對一個社會革命來說，「現在」是一個到烏托邦路上的中途站。對一個民族主義運動來說，「現在」是最終勝利前可以置之不理的片段。

比隱約貶抑「現在」更爲有力的，是把一個光榮「未來」的圖像給鮮明地描繪出來——這是促進信徒膽量和自我遺忘最有力的推手。一個群衆運動，哪怕它並未從事對既有制度與特權的生死鬥爭，還是必須讓它的信徒把心思完全集中於「未來」。沒有對「未來」的希望，自我犧牲和相互扶持的精神就不可能養成。如果「今天」是我們僅有的全部，我們就會拚死命多抓住一些「今天」。我們會像是漂浮在一個虛無的海洋裡，任何一小片船骸都會被我們當成生命之樹一樣，死抱住不放。反之，如果一切美好的事物都是在前頭，尚未來到，我們就會願意把自己的所有分享別人，眼睛放在我們手中已有的東西前面。唐納移民團（Donner party）[7]成員懷有希望時的互助和失去希望後的互相猜忌，反映出同舟共濟精神亟需要有希望作爲後盾。希望一喪失，人群就會分裂，每個人都拚命去照顧自己的利益。如果只有共同苦難而沒有共同希望的話，既不能產生團結，也不能患難與共。希伯來人在埃及受奴役時，生活固然萬分困苦，彼此卻整天爭吵不休，後來，摩西靠抬出一片應許之地，才把他們團結起來。布痕瓦爾德（Buchenwald）集中營裡關著三萬個不抱希望的人，他們既沒有發展出任何形式的聯合行動，也沒有表現出自我犧牲的精神。那裡的貪婪和冷酷自私，比最貪婪、最腐敗的自由社會尤甚。「他們不但沒有設法互相幫助，反而千方百計去控制別人，壓迫別人。」[8]

50 「忠實信徒」會把自己視為某種向前和向後無限延展的東西的一部份

謳歌「過去」可以作爲貶低「現在」的一種方法。但除非同時抬出一個燦爛美好的「未來」，否則美化「過去」將會使一個群衆運動行事趨於謹慎，不會再肆無忌憚，勇往直前。另一方面，又沒有一種矮化「現在」的方法，比把它視爲光榮「過去」與燦爛「未來」的中間環節更有力。因此，儘管一個群衆運動一開始會厭棄過去，但最後卻會熱烈強調（往往是假惺惺的）一個遙遠而光榮的「過去」。宗教運動會上溯到上帝開天闢地之日；社會革命運動會緬懷一個人人都自由、平等、獨立的黃金時代；民族主義運動會追述或捏造彪炳的民族史蹟。對「過去」念茲在茲，不只是爲了彰顯運動的合法性和舊秩序的不合法性，也是爲了強調「現在」只是「過去」與「未來」的過場。⑨

在意歷史也會讓人產生一種連續感。因爲對「過去」和「未來」有一幅鮮明的圖像，「忠實信徒」會把自己視爲某種向前和向後無限延展的東西的一部份，也就是某種永恆東西的一部份。他會不眷戀現在（以及自己的生命），不只是因爲那是一種可憐兮兮的東西，不值得掛懷，也是因爲它不是萬物的起始和終結。再者，「過去」和「未來」的鮮明圖像也讓「現在」的眞實性失色。它讓「現在」顯得是一支遊行隊伍的其中一列。一個群衆運動的追隨者認爲自己是在鼓樂喧天旗幟招展下前進，正在向廣大觀衆——過去世代和未來世代——演出驚心動魄的戲劇。他們受到宣傳感染，相信他們不是在扮演眞實的自己，而是演員角色；相信自己從事的是「表演」，而非眞人實事。

51 適應良好的人都是差勁的先知

對「現在」持貶抑的態度會讓人培養出一種預見未來的能力。適應良好的人都是差勁的先知。相反的，那些老是和「現在」過不去的人卻別具慧眼，看得見改變的種籽和蛛絲馬跡。

愉快的生活會讓我們對鉅變的逼近茫然不見。我們執著於所謂的常識，執著於所謂務實的觀點。但這只是我們執著於熟悉事物的表現。快樂安定的生活會讓其他的「眞實」——哪怕迫在眉睫——看來模糊和遙遠。因此，在陡生巨變時，最手忙腳亂的，就是那些自命務實的人。

另一方面，那些排斥「現在」而把眼睛和心思放在未來的人卻具有一種能力，可以偵知萌發中的危險或利益。因此，失意者和「忠實信徒」要比那些有理由希望現狀維持下去的人更能預測未來。「能夠抓到解決未來問題方法的正確線頭的，往往是狂熱者，而非盡是細密的心靈。」⑩

52 先知們都是集反動派與激進派於一身的人

比較一下保守派、自由派、懷疑派、激進派和反動派對於現在、過去和未來的態度，會是饒有意思的事。

保守派不相信「現在」是可以改進的，並嘗試以「現在」的面貌去形塑「未來」。爲了對有缺點的「現在」心安理得，他會援引「過去」爲後盾：「我需要持續感，需要確信當代種種的錯誤是基於人類天性而不可避免的，需要相信我們新的奇言怪行不過是古老異端邪說的翻版，需要相信現在備受威脅的美好事物在過去也受過強烈的搖撼。」⑪這樣說來，懷疑派的態度和保守派是多麼相像啊！《聖經》上說：「豈有一件事，人能指著說，這是新的？哪知在我們以前的世代，早已有了。」⑫在懷疑派看來，「現在」乃是以往和將來一切的總和。「已有的事，後必再有。已行的事，後必再行。日光之下並無新事。」⑬自由派認爲，「現在」是「過去」的合法後裔，會向著一個進步的「未來」不斷成長發展。這三種人都珍視「現在」，所以都不願自願接受自我犧牲的觀念。以下一番出自懷疑派之口的話，最能表達三者對自我犧牲的態度：「因爲活著的狗，比死了的獅子更強。活著的人，知道必死；死了的人，毫無所知……在日光之下所行的一切事上，他們永不再有份了。」⑭

激進派和反動派都厭惡「現在」，視之爲一種反常和畸形。二者都準備好對「現在」不屑一顧，斷然前進，二者都歡迎自我犧牲的觀念。那它們的差異何在？主要是對人類天性的可鍛性看法不同。激進派對於人類天性的無限完美具有熱情信念，相信只要改變環境和改善陶冶靈魂的方法，就可以創造出全新而史無前例的美好社會。反動派則不相信人的自身具有深不可測的向善潛力，認爲如果想建立一個穩定健全的社會，就應該取法過去成功的楷模。在保守派看來，未來應該是壯麗的復古，而不是前所未有的革新。

不過，在現實上，激進派和反動派的界線並不總是分明的。當反動派開始著手復古時，他的表現就會儼如激進派。他心目中的「過去」，與其說是實際的「過去」，不如說是他理想化的「過去」，是他按照自己希望「未來」的樣子加以形塑的。換言之，他是創新多於重構。當一個激進派開始打造他的新世界時，類似的轉換也會發生。由於無法無中生有，他會覺得需要有效法的對象，但因為他已經否定和摧毀了「現在」，所以只能到歷史去為他的新世界找榜樣。而如果他在打造新世界的過程中使用暴力手段，他的人性觀就會趨於黯淡，與反動派相差無幾。

激進派和反動派的混合，在從事民族復興運動的人身上尤其明顯。不管是甘地的信徒還是巴勒斯坦的猶太復國主義者，都樂於復興光榮過去的同時，創造一個絕無僅有的烏托邦。先知們同樣是集反動派與激進派於一身的人。他們宣揚回返古代信仰，同時也在勾勒一個新世界和一種新生活。

53 愈做不好一般事情的人就愈膽大妄為

群衆運動貶抑「現在」的態度迎合了失意者的心理傾向，是顯而易見的。但讓人驚訝的是，你會發現，失意者在大肆詆毀「現在」之後，會得到巨大的快樂。這快樂是那麼巨大，以致不可能單是來自於悲憤得到宣洩。一定還有其他原因——也眞的有。在把時代的一切痛罵得一文不值以後，失意者的失敗感和孤立感會獲得緩和。你彷彿聽到他們在說：「不只我們是沒有價值的人，就連社會中最快樂最成功的那些，也是不值一哂，虛空度日。」換言之，透過貶抑現在，他們獲得了一種隱約的平等感。

這同時意味著，一個群衆運動用來貶損「現在」的那些方法（見第四八節），會引起失意者的共鳴。從事群衆運動需要自我節制，這帶給他們一種力量的假象。他們覺得，駕馭住自己的同時，他們就駕馭了世界。群衆運動喜歡鼓吹不切實際和不可能的任務，這也正對失意者的胃口。那些一般事情都做不好的人喜歡去做不可能的事。那是他們掩飾自己無能的手段。因爲要是我們從事可能之事而失敗，失敗之責就得完全自己承擔；但如果從事不可能之事而失敗，我們就可以把責任歸於事情的困難。從事不可能之事比從事可能之事少一點丟臉的危險。因此，愈做不好一般事情的人就愈膽大妄爲。

可以說，失意者從群衆運動所使用的手段得到的滿足感，並不亞於從它所鼓吹的目標所得到者。失意者會在大混亂和有錢人的沒落中得到快樂，不是因爲他們意識到他們已經爲興建一個新世界剷除了一切障礙。他們固然狂熱地呼號「要麼一切都變得美好，要麼一物不留」，但他們心裡眞正熱望的，大概是「一物不留」。

「未得的東西」

54 渴望而非擁有，才是人們赴湯蹈火在所不辭的動力

考察促進自我犧牲精神的各種因素時，我們得到的其中一條法則是：我們會願意爲想得到的東西而死，多於願意爲已擁有的東西而死。過著充實美好生活的人一般都不會願意爲自己的利益或國家或一種神聖理想而死。⑮當人們業已獲得值得他爲之奮戰的東西後，就不太會願意爲之而奮戰。渴望而非擁有，才是人們赴湯蹈火在所不辭的動力。

「未有的東西」確實比「已有的東西」⑯更有吸引力。在任何時代，人類爭奪得最頭破血流的，都是尚未修築的漂亮城市和尚未闢建的園林。撒旦說過：「人情願捨去一切以保存性命。」⑰這話固然沒錯，但人卻會情願以性命換取他還沒有的東西。

說也奇怪，那些珍視「現在」並以全力抓住「現在」的人，正是最沒有能力保護「現在」的人。反之，那些鄙視「現在」、避之唯恐不及的人，卻不用開口，就有所有「現在」的禮物與財寶投向他們。

夢想、願景和奢望都是有力的武器和最實質的工具。一個貨眞價實的領袖一定擁有務實的心靈，而他們也會體認到上述工具的價值。然而這種體認往往來自對「現在」的藐視，而他們會藐視「現在」，則源於不諳實務。成功的商人通常都是不稱職的團體領袖，因爲他們滿腦都是「已有的東西」，心思都放在時代已成就的事情上。因此，不善處理實際事務看來是管理公共事務者的必要資格。有些天性自負的人在實務世界中失敗後沒有一蹶不振，反而異想天開，認定自己有領導一個國家的大才能，可說是誤打誤中。

55 自我犧牲的動力不可能是出於任何具體利益的考量

說人會願意為了一枚紀念章、一面旗幟、一句話或一個神話而赴死，不全是無稽之言。相反的，人會為最值得擁有的東西而犧牲，才是最罕有的事情。因為，對一個人來說，眞實的東西中最眞實的，莫過於他的生命，沒有了這生命，他就不能擁有任何値得擁有的東西。因此，自我犧牲的動力不可能是出於任何具體利益的考量。哪怕我們是因為不想被殺而冒死亡之險奮起戰鬥，戰鬥的衝動仍然不那麼是出於自利，而更多是出於一些不具體的東西，如傳統、榮譽或希望——又特別是希望。要是沒有希望，人遇到危險，要不是會拔腿就跑，就是會不反抗，任由自己被殺。要不是這樣，你又怎麼解釋幾百萬猶太人被帶進集中營和煤氣室，明知此去絕無生路，還不反抗呢？希特勒最可怕的能耐之一，就是知道怎樣抽乾敵人（至少是歐洲大陸上的敵人）的希望。他狂熱相信自己建立的是一個至少可以維持千年的新秩序，這種信念，同時感染到他的信徒與敵人。它讓前者覺得，他們為第三帝國而戰，就是站在永恆的一邊；

它讓後者覺得，對抗希特勒的新秩序不啻挑戰歷史的巨輪。

引人深思的是，在歐洲乖乖就戮的猶太人到了巴勒斯坦後卻變得勇猛無比。雖然有人說，猶太人在巴勒斯坦勇猛戰鬥是因爲別無選擇（不戰鬥就會被阿拉伯人割斷喉嚨），但有一點仍然是事實：他們的勇敢和赴死精神不是出於絕望，而是出於狂熱地希望去復興一片古老的土地與一個古老的民族。他們名副其實是爲了一些尚未築起的城市和尚未闢建的園林而戰、而死。

教義

56 任何有效的主義：它必須是「違反天性、違反常識、違反歡樂的」

自我犧牲精神往往是一種對現實認知有所不足的衍生物。一個有能力根據自己經驗和觀察下判斷的人，通常不會有殉道的念頭。因為自我犧牲乃是一種不合理的行為。它不可能是經過探索和深思的結果。因此，所有群衆運動莫不竭力在信徒與眞實世界之間拉上一道帷幕。它們聲稱終極與絕對眞理業已包含在它們的教義裡，除去這些教義，別無眞理可言。路德就說過：「我們必須堅決相信〈福音書〉啓示的那個世界，哪怕天國的所有天使都下凡來告訴我事情是別的樣子。我不但不會因此懷疑〈福音書〉的一個音節，反而會閉眼摀耳，因為他們不值得我看或聽。」⑱依賴感官和理性證據的人同被視為異端和背叛。如果我們知道篤信要由多少不可信加以支撐，一定會大吃一驚。我們所說的盲信，是由數不勝數的不可信築起的。巴西的日本僑民在大戰結束多年後仍然不相信日本已經戰敗。狂熱的共產份子絕不相信任何不利俄國的報導和證據，哪怕他們親自到過應許地蘇聯，看過那裡的生活有多淒涼慘澹，一樣不會幻滅。但凡「忠實信徒」都具有「閉眼摀耳」的能力，對「不值得看或聽」的事不屑一顧，而他們所以能夠無比堅定不移，力量亦是源自於此。他不會因為危險卻步，不會因為障礙重重氣餒，不會因為有反面證據而困惑，因為他根本否定有危險、障礙和反面證據的存在。誠如法哲柏格森（Bergson）所說，信仰的力量不表現在能支使人移山，而在於能讓人看不到有山要移。⑲而「忠實信徒」之所以能夠在面對周遭世界不確定和不怡人的眞實時屹立不動，正是因為自信奉行的是絕對正確的教義。

一種教義的有效性不由它的奧妙性、崇高性或正確性決定，而是取決於它把個人隔絕於其自我及世界隔絕得有多徹底。巴斯卡有關有效宗教（effective religion）的論點，同樣適用於任何有效的主義：它必須是「違反天性、違反常識、違反歡樂的」。⑳

57 教義不是讓人去理解的，而是讓人去信仰的

一種教義的有效性不在其內容，而在於它言之鑿鑿。除非聲稱自身為唯一和獨一的眞理的體現者，否則不管一種教義有多麼深邃奧妙，都不會發揮效果。它必須是包含萬物與萬物所從出的一個單字。㉑不管是荒唐的胡說、多餘的廢話，還是崇高的眞理，只要它們被人接受為唯一、永恆的眞理，則能夠促使人們願意自我犧牲的力量並無二致。

因此，顯而易見的是，教義不是讓人去理解的，而是讓人去信仰的。「只有對我們不理解的東西，我們才會有百分百的信仰。」㉒一種能理解的教義會短少力量。一旦我們理解一樣東西，它就會像是發源於我們自身。顯然，那些被要求拋棄自我的人是不會從發源於自我的東西上看到永恆確定性。凡是他們能完全理解的東西，其有效性與確定性在他們眼中都會失色。

虔誠者總是呼籲別人應該用感覺而不是腦子去理解絕對眞理。一九三四年，赫斯（Rudolph Hess）宣誓加入納粹黨的時候，這樣對台下的聽眾說：「不要用

你們的腦子去追尋希特勒；用心的力量，你們就會全都找得到他。」㉓當一個群衆運動開始去解釋其教義，使之明白易懂時，就是這個群衆運動已經過了生氣勃勃階段的表徵；現在，它的首要之務變成是追求穩定。因爲，正如我們稍後會詳論的（見第一〇六節），一個政權的穩定需要知識份子的效忠，而把教義條理化，是爲了爭取知識份子而不是促進群衆的自我犧牲精神。

如果一種教義不是複雜晦澀的話，就必須是含糊不清的；而如果它既不是複雜晦澀也不是含糊不清的話，就必須是不可驗證的，也就是說，要把它弄得讓人得到天堂或遙遠的未來才能斷定其眞僞。哪怕一套教義有某個相對簡單的部份，信衆還是會把這個部份加以複雜化和晦澀化。簡單的字句會被解釋得無比複雜，使之看起來就像蘊含著什麼祕密信息。因此，即使最有學問的「忠實信徒」也會有點文盲的味道。他喜歡罔顧一些字的眞義使用這些字，並養成詭辯強辯、吹毛求疵、鑽牛角尖的愛好。

58 忠實信徒膽敢從事史無前例或不可能的任務

自信掌握絕對眞理的人會有一張可以覆蓋一切的網。對他而言，不會有任何意外驚奇或未知。所有問題都有解答，所有決定都已作出，所有最終結果都已預見。忠實信徒不會有驚訝和猶豫。巴斯卡就挖苦說過：「認識耶穌的人懂得一切事物的道理。」㉔這種人把他信奉的教義視爲解決世界一切難題的鑰匙。世界可以靠這把鑰匙給拆開來或合起來。蘇聯的官方歷史書這樣說：「馬克思—列寧主義理論的力量在於它能使黨在任何情況下找到正確的方向，了解現行事件的內在關聯，預知其趨勢，而且不只可以看出目前的發展方向，還知道它將來怎樣發展。」㉕忠實信徒膽敢從事史無前例或不可能的任務，不只因爲教義給了他一種全能感，也是因爲教義給了他對未來無窮的信心（見第四節）。

一個積極的群衆運動會否定現在，把目光集中在未來。它的力量正是衍生自這種態度，因爲否定現在讓它可以對現在的一切——其徒衆的健康、財富和生命——無所顧惜。它必須裝得已經把未來之書從第一個字讀到最後一個字。它的教義被宣稱是打開這本書的鑰匙。

59 擺脫「自我」的衝動也是一種擺脫理性和顯而亦見事實的衝動

失意者會比非失意者更容易接受教條嗎？他們會更好騙嗎？巴斯卡就這樣認爲。他說：「一個人若恨自己，就會易於了解《聖經》。」㉖不滿自己和輕信性格間顯然是有若干關聯的。擺脫「自我」的衝動也是一種擺脫理性和顯而亦見事實的衝動。因爲拒絕照我們本來的樣子看我們自己，我們也會培養出一種對事實和邏輯的憎惡。失意者在實然性和可能性中找不到希望。他的救贖只能來自奇蹟：他相信奇蹟會從「現實」的銅牆鐵壁的裂縫中滲出來。斯特雷澤曼（Stresemann）論德國人的一番話也適用於所有其他失意者：「他們不但爲每日三餐禱告，也爲每日的遐思奢想禱告。」㉗看來我們可以由此歸納出一條原則：易於欺騙自己的人也易於被別人欺騙。他們容易被說服和牽著鼻子走。

輕信的人還有一個特點，那就是他們也喜歡欺騙別人。易相信和愛撒謊並不是小孩子才有的特質。因爲沒有能力或不願意如物的樣子看物，他們就會發展出易上當和好騙人的特質。

狂熱

60 煽動激情可以有效推翻一個人與其自我間的平衡

本書第一節指出過，想要引發急遽而激烈的變遷，群衆運動往往是不可少的。但奇怪的是，哪怕是一些切合實際和十分必要的改革（如革新一個停滯的社會），仍然需要一種強烈的激情才能實現，而且離不開群衆運動中習見的各種謬舉蠢行。不過，如果我們明白到群衆運動的最大功能在於促進其追隨者團結行動和自我犧牲的精神，這一點也就沒那麼值得驚訝了。結果造成的不只是一群緊密無間、無所畏懼的追隨者，而且是一個同質的可塑體，可以任由主導者隨意形塑。要實現急遽而激烈的變遷，人類可塑性是不可少的，但這種可塑性看來則是團結行動和自我犧牲精神的副產品。

值得強調的是，作爲可塑性和皈依的先決條件，自我疏離幾乎總是在強烈激情的氣氛中進行。這不但是因爲煽動激情可以有效推翻一個人與其自我間的平衡，而且這種推翻也必然會釋放出激情。哪怕是由最溫和的方法引發，疏離自我的過程一樣會釋放出激情。只有能跟自我妥協的人能夠對世界保持冷靜態度。這種和諧一旦受到破壞，一個人一旦被迫丟棄、懷疑或遺忘其自我，他就會變成一種高度有反應性的物質。就像一個不穩定的化學基（chemical radical）一樣，他渴盼與任何他碰到的東西結合。他無法單獨生存，非得全心全意依附於某種力量。

透過在追隨者心中點燃和煽起兇猛激情，群衆運動可以防止其追隨者回復內在的均衡。它們也會用直接的辦法延長信徒與他們自我疏離的時間。它們不但把獨立自主的生活說成是空虛無聊，還會說成是墮落和罪惡。一個單獨生存的人是無依無靠、可憐兮兮、罪孽深重的生物。他只有一個得救的機會：棄絕他的自我，在一個神聖組織（教會、國家或政黨）的懷抱裡過新生活。反過來的，這種對自我的詆毀又可使激情保持在白熱狀態。

61｜狂熱者無法被說服，只能被煽動

狂熱者永遠會覺得自己不完整和不安全。他無法從自身——也就是他排斥的「自我」——那裡獲得自信，而只能從他湊巧碰上和激情依附的神聖組織得到。熱情依附是他盲目獻身與篤信的根本，被他視為一切德性與力量的泉源。雖然他這種一心一意的奉獻究其實是為了給自己的生命找支撐，但他卻往往會把自己視為他依附的神聖偉業的捍衛者。他也準備好隨時犧牲性命，以向自己和別人顯示，他扮演的真的是捍衛者的角色。換言之，他犧牲性命是為了證明自己的價值。

毋庸說，狂熱者深信他所從事的神聖偉業是固若磐石、經久不衰的。儘管如此，他的安全感仍然是來自他的熱情依附而非他所依附的大業的卓越性。狂熱者並不是真會堅持原則的人。他擁抱一項大業，主要並非由於它正確神聖，而是因為他亟需有所依附。這種感情上要有所依附的需要，往往會把他擁抱的任何大業轉化為神聖偉業。

你無法用理性或道德上的理由去說服一個狂熱者拋棄他的大業。他害怕妥協，因此你不可能讓他相信他信奉的主義並不可靠。但他卻不難突然從一件神聖偉業轉投另一件神聖偉業的懷抱。他無法被說服，只能被煽動。對他而言，眞正重要的不是他所依附的大業的本質，而是他需要有所依附的情感需要。

62 宗教狂熱者的對立面不是狂熱的無神論者，而是溫和的憤世嫉俗者

不同類的狂熱者看似南轅北轍，但他們事實上是一個模子出來的。眞正南轅北轍和沾不上邊的是狂熱者與穩健派。投身不同大業的失意者相互不信任，隨時準備好掐住對方的咽喉。但他們事實上是鄰居，甚至幾乎是一家人。他們以兄弟間的恨來恨彼此。他們之間的關係遠得和近得像掃羅和保羅。要一個狂熱的共產主義者轉變爲狂熱的法西斯主義者、沙文主義者或天主教徒都不難，但要他們轉變爲冷靜的自由主義者卻難上加難。㉘

宗教狂熱者的對立面不是狂熱的無神論者，而是溫和的憤世嫉俗者，他們對上帝存不存在並不在意。無神論者是一種宗教人格。他把無神論當成一種新宗教來膜拜。㉙他是滿懷虔誠與宗教熱情的無神論者。誠如雷南所說的：「等到全世界都不再信仰上帝那一天，無神論者就會是世界上最可憐的人。」㉚同樣道理，沙文主義者的對立面不是賣國賊，而是理性的公民，他們對殉道和英雄身段毫無興趣。賣國賊一般都是狂熱者，他們投身敵營，是為了加速一個他們所恨的世界的傾覆。第二次世界大戰中的很多賣國賊都是大右派。「在極端的國家主義與叛國行為之間，看來只有一線之隔。」㉛

反動派與激進派之間的血緣關係，我們在第五二節已經有所說明。所有在希特勒時代生活過的人都會知道，反動派跟激進派的共通點，要比它跟自由派或保守派的都來得多。

63 寬容是一種軟弱、輕浮和愚昧的象徵

狂熱者若是拋棄了他信奉的大業，或是突然間變得沒有大業可以信奉，他能否重新適應一種自律自足的個人生活，頗有疑問。他會變成無家可歸的流浪者，站在世界的高速公路邊，只要有任何群衆運動馳過，他都會舉手攔車。獨立自主的生活在他看來是瑣碎、徒勞和邪惡的。沒有了可供熱烈獻身的對象，他感到飄泊和被遺棄。在他看來，寬容是一種軟弱、輕浮和愚昧的象徵。他渴盼那種來自完全順服的心安理得感，渴盼全心全意依附於一種信仰和主義。對他重要的不是一個運動的主張目標，而是它可以讓他完全獻身，並與一個集體發生聯繫。他甚至會願意去參加一個反對他前一個信仰的群衆運動，但前提是那必須是個眞正兇猛的運動——不妥協，不寬容，聲稱佔有唯一和獨一的眞理。

這也是爲什麼數以百萬計戰敗的德國人和日本人寧願皈依於共產主義和好鬥的天主教，而不是安安分分過民主的生活。在這個事例中，共產主義的成功

並非因為它的宣傳伎倆高明，而是由於它符合德國人和日本人的狂熱癖性。民主制度提供不了什麼神聖偉業給他們依附，也沒有什麼集體可供他們埋沒自己。蘇俄輕易就可以把日本戰俘改造為狂熱的共黨份子，反觀美國的宣傳再巧妙再完美，都未能把日本人轉化為熱愛自由的民主人士。

64——典型的將領知道怎樣鎮壓群眾，卻不知道怎樣戰勝他們

在結束自我犧牲的主題之前，我們不妨談談群眾運動與軍隊之間的相似性和差異性——這問題在第三五和四七節略論過。

兩者相似點很多：群眾運動和軍隊都是集體組織；兩者都會抹去個人的獨立性與特殊性；兩者都要求自我犧牲、無條件的服從和一心一意的效忠；兩者都廣泛利用「戲劇元素」（見第四七節）；兩者都可以爲那些沒有能力過自主生活的失意者提供避難所。軍事團體（如法國外籍兵團）吸收了許多不假思索就會投入一個群眾運動的人。募兵官、共黨煽動份子和傳教士往往都是從同一個泥淖中吸收到皈信者。

但軍隊和群眾運動的差異之處也是重大的：軍隊無法滿足人想過一種新生

活的需要；它不是通向救贖的道路。在強有力的人手中，軍隊可以當成棍棒，把一種新的生活方式強加給不願接受的人。但軍隊最主要還是一種維護或擴大現有秩序的工具。它是一種暫時性工具，可以隨當權者的意願組合或解散。相反的，群衆運動卻是一種永恆的工具，參加者會視之爲畢生事業。退出軍隊的人是退伍軍人，甚至可以是英雄；但退出群衆運動的人則是叛徒。軍隊的職責在於支持、保衛和擴大現在。群衆運動則是爲了摧毀現狀而發。它的心念放在未來，而它的活力與驅力都是來自這種心念。當一個群衆運動開始關注現在時，那就代表它已經得勢。它也不再是一個運動，而成了一個制度化的組織——也許是一個建制化的教會，也許是一個政府，也許是一支軍隊（由士兵或工人組成）。民兵——群衆運動通常會有的副產品——會保留很多群衆運動的附屬品：冠冕堂皇而空洞的訓話、口號、神聖的標幟。但就像任何正規軍一樣，它的凝聚力不是來自信仰和熱忱，而是來自一些不帶感情的機制，如操練、團隊精神和紀律。它很快就會失去一群信衆會有的苦行精神和虔誠，變得紀律廢弛，耽於享樂——這是一切軍隊的特徵。

作爲一種維護現狀的工具，一支軍隊要應付的主要是可能應付的事。它的領導者不會倚賴奇蹟。哪怕是受到一種狂熱信仰推動，他們還是會願意考慮妥協。他們會計算戰敗的可能性，並懂得怎樣投降。相反的，群衆運動的領袖都極端鄙夷「現在」，鄙夷它各種鐵一般的事實和錯綜複雜性，甚至連地理和天氣的事情也不會被他放在眼裡。他相信奇蹟。他對「現在」的恨意在情勢變得無望時最爲強烈。他寧願毀掉自己的國家與人民，也不願意投降。

在軍隊裡，自我犧牲精神是透過義務感、戲劇性、團隊精神、操練、對領袖的信仰而培養的。與群衆運動的情形不同，這些手段並不是源自對「現在」的貶抑和對「自我」的排拒。因此，它們可以在一種清醒的氛圍中展開。一個狂熱的軍人往往是狂熱者從軍的結果，而非軍人感染狂熱主義的結果。薩爾裴多（Sarpedon）在猛攻希臘人城堞時對格勞科斯（Glaucus）說的一番話，把軍人的自我犧牲情操表達得淋漓盡致：「啊，我的朋友，要是你我能逃得過這場戰爭就包準永遠不死，我就絕不會站在戰鬥的前排裡，也不會差你到戰場上去爭榮譽。但永遠不死的事是不會有的。死神在我們腳下設下千千萬個陷阱，沒人有把握騙得了他。所以，我們投入戰鬥吧，無論把這光榮輸給敵人或是贏歸自己。」[32]

群眾運動和軍隊最顯著的不同處在於他們對大眾和暴民的態度。據托克維爾觀察：「士兵是最容易慌亂的，一般在碰到革命時都會表現得無比軟弱。」[33]在典型的將領看來，群眾就是他們的軍隊潰散後會變成的東西。他看到的更多是群眾的反覆無常和無政府主義傾向，而不是群眾輕死的精神。他會視他們爲一個集體崩潰後的有毒產品，而不是建造一個新世界的建材。他的態度會混雜著恐懼與鄙夷。他知道怎樣鎮壓群眾，卻不知道怎樣戰勝他們。另一方面，群眾運動的領袖（從摩西到希特勒）卻會從一片大海般的群眾臉上得到神啓，並在群眾的怒吼聲中聽出上帝的聲音。他看出有一股所向無敵的力量——一股只有他才能駕馭的力量——就在他伸手可及之處。有了這股力量，他就可以橫掃一切帝國、軍隊和所有強大的「現在」。群眾的臉就像「大海的臉」（the face of the deep）[34]，從這張臉，他將可像上帝創造天地一樣，創造一個新世界。

團結催化劑

Unifying Agents

仇恨

65 群眾運動不需要相信有上帝，卻不能不相信有魔鬼

在所有團結的催化劑中，最容易運用和理解的一項，就是仇恨。仇恨可以把人從他的自我快速捲走，使他忘記自己的幸福和前途，不去妒忌他人也不會只顧自己。他會變成一顆匿名的粒子，渴望跟同類匯聚融合，形成一個發光發熱的集體。海涅說過，基督宗教的愛所無能爲力的事，可以靠一種共同的仇恨去做到。㉟

群衆運動不需要相信有上帝，一樣可以興起和傳播，但它卻不能不相信有

魔鬼。通常，一個群衆運動的強度跟這個魔鬼的具體性與鮮明度成正比。希特勒被問到有沒有考慮過要把猶太人全部消滅時，他回答說：「沒有……那樣我們勢必得另外創造一個猶太人。要緊的是有一個具體的敵人，而不僅是一個抽象的敵人。」㊱一九三二年，有一個日本使節團造訪柏林，研究納粹運動。當福格特（F. A. Voigt）問其中一個使節團成員對納粹運動有何觀感時，對方回答說：「眞是了不起。但願我們在日本也能有類似的運動，只是我們做不到，因爲日本並沒有猶太人。」㊲那些精明得知道該怎樣發動或推進一個群衆運動的人，除了知道該提出何種主義綱領以外，還懂得怎樣挑選一個敵人。克里姆林宮的理論家顯然就是箇中高手；他們不等第二次世界大戰結束，就選定民主的西方（特別是美國）作爲敵人。由此看來，不管西方釋出多大的善意和作出多大的退讓，克里姆林宮都不會減低其中傷西方的分貝和言語惡毒程度。

蔣介石的一大敗筆就是八年抗戰結束後，未能及時找到一個代替日本人的新魔鬼。這位雄心勃勃卻頭腦簡單的將軍大概是太自負了，以致未能了解，會讓中國群衆團結起來的因素並不是他，而是日本「魔鬼」所激起的民族激情。

66 共同的仇恨凝聚最異質的成份

共同的仇恨可以凝聚最異質的成份。如果大家有一個共同仇恨的對象，哪怕是敵人之間，也會產生一種親近感，因而減弱抵抗的決心。希特勒煽動反猶太主義，不只是爲了團結德國人，也是爲了消蝕波蘭人、羅馬尼亞人、匈牙利人（最後甚至包括法國人）對抗他的決心，因爲這些國家的人也是恨猶太人的。希特勒對反共主義也作了類似的利用。

67 一個理想的魔鬼

一如最理想的神應該只有一個，最理想的魔鬼也應該只有一個。希特勒讓我們見識到，一個精明領袖的天份之一是懂得把所有的恨意集中在單一敵人身上，使得「即使是彼此差距很大的敵對陣營，看起來也是屬於同一個範疇。」㊳當希特勒選定猶太人當魔鬼以後，就把德國以外的幾乎所有地區的人都說成是猶太人，不然就是爲猶太人賣命的人。「英國的背後站著猶太人，法國和美國的背後也是如此。」㊴史達林選魔鬼的時候，奉行的也是一神教的原則。他從前挑選的魔鬼是法西斯主義者，現在則是美國的有錢人。

另外，一如最理想的神應該是無所不能和無所不在，最理想的魔鬼也是如此。當希特勒被問到他會不會太誇大猶太人的重要性時，他回答說：「不會、不會、絕對不會！……作爲敵人，猶太人的可怕再怎麼誇大也不爲過。」㊵不管一個群衆運動內部碰到什麼樣的困難和挫折，都會被說成是這個魔鬼搞的鬼，而每一趟勝利，都會被說成是對魔鬼陰謀的粉碎。㊶

最後，一個理想的魔鬼還應該是個外國人。爲了讓國內的敵人夠資格當魔鬼，必須把他說成有外國血緣。希特勒要給德國猶太人貼上外國人標籤當然一點不難。俄國革命的煽動者強調俄國貴族具有外國血統（瓦蘭吉人、韃靼人和西方人的血統）。㊷在法國大革命時期，貴族被認爲是「野蠻的日耳曼人的後裔，而法國平民則是文明的高盧人和羅馬人的後裔」。㊸在清教徒革命時期，王黨「被貼上『諾曼人』的標籤，被說成是一群外國侵略者的後裔。」㊹

68 恨是最有力的凝聚劑

我們愛一個對象的時候，一般不會尋找同好，甚至反而會把跟我們愛同一對象的人視為競爭者和侵犯者。但我們恨一個對象時，卻總是會尋求有志一同的人。

以下的道理不難理解：當我們受到傷害、渴望報復時，總會希望有別人站在我們同一邊。但讓人費解的是，當我們的恨不是出於明顯的理由，而且看來是站不住腳的時候，渴望盟友的心理會更形迫切。而這種恨，也是最有力的凝聚劑之一。

這一類不可理喻的仇恨是從何而來，它們又為什麼能發揮凝聚的作用？它們是我們拚命要掩蓋自己貧乏、無價值、罪惡感和其他缺點的一種表現。自卑就此被轉化為對他人的懷恨。而為了掩飾這種轉化，我們會作出最堅決和最堅持的努力。顯然，最有效的掩飾方式就是找一些人——愈多愈好——來恨我們所恨的同一對象。看來，我們要宣揚什麼主義信條時，真正要別人接受的不是我們的特定信仰，而是我們那種不可理喻的恨。

哪怕是在有合理悲憤的情況下，我們的恨意主要仍然不是來自別人對我們的傷害，而是來自我們意識到自己的無能和懦弱——換言之是源於自卑。當我們自感比傷害我們的人優越，我們更可能的反應是鄙夷他們，甚至是可憐他們，而不是恨他們。㊺悲憤與恨意的關係並不是簡單直接這一點，還可以從一個事實反映出來：我們釋放出的恨意並不總是指向那些傷害我們的人。往往，被一個人傷害之後，我們會恨的是一個完全不相干的人。例如，遭史達林祕密警察欺壓的俄國人輕易就被煽動去反對「資本主義戰爭販子」；因爲《凡爾賽和約》的德國人把氣出在猶太人身上；南非的祖魯人（Zulus）不找壓迫他們的布爾人算帳，卻去屠殺印度人；美國南方的貧窮白人飽受特權階級的氣，卻拿黑人來當出氣筒。

自卑可以讓人產生「可想像中最不公正和最易作姦犯科的激情，因爲他對於那譴責他和讓他認識自己缺點的眞理，心懷切齒痛恨。」㊻

69 恨意源於自卑

恨意源於自卑多過源於合理悲憤這一點，也可以從仇恨與罪疚意識的密切關係反映出來。

要讓我們自己痛恨一個人，最有效的方法大概莫過於去傷害他。這是因為，別人對我們有合理的悲憤，要比我們對他有合理的悲憤，更能引發我們對他的恨意。在我們揭發別人過錯使對方羞愧時，他更可能的反應並不是變得謙卑和柔順，而是變得咄咄逼人和火氣十足。死不認錯是一種響亮的噪音，可以把我們罪惡感的發聲給淹沒。

在每一種厚顏無恥的言行後面，在每一種死不認錯的表現背後，都存在著罪疚意識。

70 恨或寬大為懷

去傷害我們恨的人，會讓我們的恨火上加油；反之，寬大爲懷地對待一個敵人，會削弱我們對他的恨意。

71 讓罪疚意識不發聲

讓我們的罪疚意識不發聲最有效的方法就是說服自己和別人，我們所恨的人是不折不扣的低等生物，活該受到各種懲罰，甚至予以滅絕亦不爲過。對我們傷害過的人，我們不能同情他們，也不能放著不管。我們必須恨他們，迫害他們，否則通向自卑的門就會打開。

72 強烈的罪疚感

任何崇高（sublime）的宗教必然會讓信徒產生強烈的罪疚感。這是因為高不可攀的理想必然會帶來實踐上的落差。由此看來，一種宗教愈崇高，它孕育出的恨意就愈兇猛。

73 每一個群眾運動都會按照它選定的魔鬼形象來形塑自己

要恨一個有不少優點的敵人要比恨一個一無是處的敵人容易。我們無法恨那些我們鄙夷的人。日本人佔便宜的地方是，他們欽佩我們美國人要多於我們欽佩他們。因此，他們可以狂熱地恨我們，而我們卻無法多恨他們。與生俱來的優越感讓美國人在國際事務上是個差勁的恨者。一個美國人對另一個美國人（如胡佛總統或羅斯福總統）的恨要比他對任何外國人的恨更惡狠。與此一貫的現象是，較落後的美國南方比美國任何地方更排外。要是哪一天美國人開始全心全意去恨外國人，就反映出他們已經失去自信心。

恨意總是潛藏著欽佩。這一點，部份反映在我們喜歡模仿我們所恨的對象。每一個群衆運動都會按照它選定的魔鬼的形象來形塑自己。基督宗教在其全盛時期的行爲活像是「反基督者」（antichrist）㊼。雅各賓派幹盡它所反對的獨裁政權幹過的惡行。蘇維埃俄國是壟斷性資本主義最透徹和最巨大的例子。希特勒以《猶太人賢士議定書》（*The Protocols of the Elders of Zion*）㊽作爲行事指南，追隨它的指示直至「最小的細節」。㊾

如果各位知道被壓迫者會模仿他們憎恨的壓迫者到何種程度，一定會目瞪口呆。邪惡者可以活到身後——這句話之所以是眞的，部份是因爲那些有理由恨邪惡者的人大都會模仿他，使他的邪惡長存下去。因此，顯而易見的是，狂熱者所能發揮的影響力跟他的實際能力是完全不成比例的。他有兩個方法可以按照自己的形象塑造世界：一是廣收信徒，一是多樹敵人。早期的狂熱基督宗教就是一面吸收信徒，一面在異教徒中間激起狂熱迫害基督徒的活動，從而得以在古代世界烙下印記。希特勒也是一面推行納粹主義，一面迫使民主國家採取狂熱、不寬容和冷酷的政策，藉以對世界發生影響。共產俄國也是同時用自己的形象來塑造信徒與敵人。

儘管煽動仇恨是動員一個共同體起而禦敵方便好用的工具，但長遠來說，它的代價並不便宜。因爲這樣做，我們將會喪失掉很多我們原擬保護的價值。

希特勒明白恨意下面潛藏著欽佩，並由此得出了一個奇特見解。他說，納粹黨員的首要責任是想方設法讓敵人對他產生切齒之恨。因爲這種恨意可以證明納粹信仰的優越性。「衡量一個納粹黨員價值觀是不是正確、信念是不是眞誠、意志是不是堅定，最好的方法乃是看看……敵人有沒有恨他入骨。」㊿

74 大混亂就像墳墓一樣，是平等的溫床

看來，當我們因意識到自己一無是處而深感沮喪時，並不會把自己視為比某些人低劣但比另一些人高強，而是會認為自己比世界上最低劣的人還要低劣。於是我們會恨全世界，會把狂怒傾瀉到天地萬物。

失意者看到有錢人走下坡和正直者受辱時，會深感安慰。他們在普遍的沒落中看到人類平等的前景。在他們看來，大混亂就像墳墓一樣，是平等的溫床。他們熾烈地深信，一個新秩序必然會來臨，但在新秩序能建立起來以前，舊的一切必須連根剷除。他們對千福年的嚮往和呼籲，是以憎恨現有一切和渴望世界末日的心情出發的。

75 熾烈的恨意可以給空虛的生活帶來意義和目的

熾烈的恨意可以給空虛的生活帶來意義和目的。因此，一個漫無目標的人要是想爲生活找到新意義，辦法除了獻身於一種神聖大業以外，還可以培養狂熱的悲憤。群衆運動在這兩方面都提供了他無窮機會。

76 仇恨是一種遍在我們各種情感混合物的一種成份

巴斯卡說過：「人類就天性來說是恨彼此的。」又說過，愛和仁慈不過是「一種僞裝和假象，因爲歸根究柢它們不過是恨。」⑸不管此說是否正確，我們仍然難以否認一種印象：仇恨是一種遍在我們各種情感混合物的一種成份。我們一切的熱忱、激情和希望，分解的時候都會釋放出恨；反之，透過激起恨意，我們也可以合成熱忱、激情和希望。路德說過：「當我熱情減低，無法如分禱告時，就會憶想我那些不敬虔和不知恩的敵人——包括教皇和他的同黨以及茨溫利（Zwingli）㊾——以鞭打我自己。這樣，我的心就會湧起正義的憤怒和恨意，而我也會激烈地唸頌：『我們在天上的父，願人都尊你的名為聖，願你的國降臨，願你的旨意行在地上！』㊿我愈憤慨，禱告也會愈熱烈。」[54]

77 捨棄自我的人極容易產生各種激情，其中包括仇恨的激情

團結性和自我犧牲精神這回事本身就足以誘發仇恨——哪怕當初它們是以最高尚的手段培養出來的。即使一群人的結合是為了鼓吹宗教寬容與世界和平之類的崇高目標，一樣會對意見相左的人極不寬容。

這是因為，如前所述[55]，個人捨棄自我乃是他產生無私心理和完全融入一個集體的先決條件，但捨棄自我的人極容易產生各種激情，其中包括仇恨的激情。在團結和無私的環境中，還有別的因素可以助長恨意的滋長。那就是，自我否定的人很容易會覺得他們有權利對別人冷酷無情。我們一般會覺得「忠實信徒」——特別是宗教上的忠實信徒——都是謙卑的人。但事實上，順服和謙

卑會孕育出驕傲與自大。「忠實信徒」很容易會自視爲被上帝揀選的人，是地上的鹽，是世界的光，是僞裝柔弱的王子，注定要繼承地上和天上的王國。㊻與他信仰不同的人是罪人，不肯聽從他的將會滅亡。

還有一個理由：當我們拋棄自我，成爲一個緊密團體的一部份時，我們不僅拋開了個人利益，同時也拋開了個人責任。一個人如果沒有了恐懼、猶豫、懷疑和是非感，他會變得有多殘暴和冷酷，令人不敢想像。當我們在群衆運動中喪失了自我獨立性，我們就得到一種新自由——一種無愧無疚地去恨、去恫嚇、去撒謊、去凌虐、去背叛的自由。這毫無疑問是群衆運動的部份吸引力之所寄。在群衆運動中，我們獲得了「幹下流勾當的權利」，而據杜思妥也夫斯基的分析，這種權利具有人所無法抗拒的魅力。㊼希特勒對個人自發性的殘暴相當鄙夷：「任何暴力，如果它不是立足於堅固的、精神性的基礎，就遲早會動搖、靠不住。那是缺乏單靠狂熱的暴力所具有的穩定性。」㊽

因此，憎恨不僅是促進團結性的方法，也是它的產物。雷南指出，自有世界以來，從未有過慈悲的國家。㊾我們大概可以補充說，自有世界以來，從未有過慈悲的宗教或慈悲的革命黨。與無私所孕育的憎恨和殘忍相比，由自私所催生的冷酷和惡毒顯得很沒有看頭。

看到一些標榜愛上帝、愛基督、愛國家或同情被壓迫者的群衆運動製造出大量血腥、恐怖與破壞時，我們往往會把這種可恥的扭曲歸咎於運動領袖的野心。但事實上，把高貴的動機變形爲仇恨與暴力的，並不是詭計多端的領導者蓄意操弄的結果，而是由愛上帝、愛國家一類的熱忱所催生的團結有以致之。去個體化（deindividualization）乃是徹底整合的前提，而無私的奉獻在相當大的程度也是一個去人化（dehumanization）的過程。

模仿

78 模仿是重要的團結催化劑

模仿是一種重要的團結催化劑。不散布一種一致性，一個緊密無間的組織是發展不出來的。一心一德是每一個群衆運動都會嘉許的美德，而一心一德的實現，靠服從與靠模仿的力量是一樣多的。而服從這回事除了表現在遵循守則，也表現在模仿一個榜樣。

雖然人人都有模仿能力，但有些人卻比另一些人更善於模仿。現在的問題是，失意感和模仿的意願是不是有關聯呢？模仿是不是失意者可逃避其痛苦的手段？

失意者的主要痛苦在於他們認爲他們有一個污損了、無能的自我。而他們的主要渴望，是拋棄這個可厭的自我，展開新的生活。他們用來實現這種渴望的方法，要麼是尋找一個新身份，要麼是把個人特殊性掩蓋和僞裝起來。而這兩個目標都可以透過模仿實現。

我們當自己當得愈不自在，想要當別人的渴望就愈強烈。因此，我們會偏好模仿與我們迥然不同的人多於與我們差不多的人，偏好模仿我們欽佩的人多於我們鄙夷的人。被壓迫者（如黑人和猶太人）的模仿性是很強的。

至於把自我掩蓋和僞裝的願望，則完全只能靠模仿實現——變得儘可能與別人一樣。歸屬的渴望部份就是一種掩埋自我的渴望。

最後，失意者缺乏自信的性格也會刺激起他們的模仿性。我們愈不信任自己的判斷和運氣，就會愈容易追隨別人的榜樣。

79 排斥自我

單是排斥自我，即使沒有去尋找一種新身份，一樣可以導致模仿性增加。被排斥的自我會停止強調其特殊性，這樣，就再沒有任何東西可以抵制模仿心理的膨脹。情形就類似兒童或長不大的大人，他們因爲缺乏鮮明的個體性，心靈沒有武裝，無法抵禦任何來自外面的影響力。

80 優越感可以抵銷模仿心理

優越感可以抵銷模仿心理。如果當初移民來美的數百萬人都是優越的人——也就是說如果他們都是該國菁英——那就不會有一個美利堅合衆國的出現，而只會有一個由五花八門語言群和文化群湊成的大雜燴。正因爲大部份移民都是最貧賤的人，在其本國是受鄙夷和受排斥者，這極其異質的數百萬人才能融合得那麼徹底和那麼快。他們前來這裡，就是熱望可以拋棄舊身份，重生爲新生命。他們自然而然地擁有一種模仿與適應新事物的無邊能力。美國這個新國家的陌生性對他們來說不但不是排拒，反而是一種吸引力。他們渴望有一個新身份和一種新生活——新世界的陌生性愈強就愈合他們的意。對非盎格魯—撒克遜人來說，英語的陌生性大概是另一種吸引力。必須從頭學習另一種語言讓他們的重生幻覺更形逼真。

81 忙人比閒人更易於去模仿

模仿往往是解決問題的捷徑。當我們沒有意向、能力或時間去獨自解決問題時，就會模仿別人。忙人比閒人更易於去模仿。換言之，匆匆忙忙的生活更易製造齊一性。因此，如果處心積慮要把一群個人融合爲一個緊密的團體，不斷製造些行動讓他們投入，看來是個相當有效的方法。⑥⓪

82 具有緊密集體制的原始人要比崩潰中的公社與部落組織更易於現代化

團結這回事本身——不管它是來自說服手段、強制手段還是出於個人完全自願——往往會強化模仿能力。一個被徵召入伍的平民從軍後，會比他身為一介平民時有更強的模仿性。團結在一起的個人是沒有個別性的自我的。他永遠是不完整和不成熟的，也因此無法對抗任何來自外面的影響力。原始人的模仿性之所以特別強，主要可能不是因為他們原始，而是因為他們生活在一個關係緊密的氏族或部落所致。

團結一致的信徒極樂於模仿，但這一點對一個群眾運動來說有利也有弊。因為易於模仿和被帶領，這些人也特別容易受外來的影響。一個徹底團結的團體很容易受誘惑而腐化。所有群眾運動的領袖都會告誡追隨者不要模仿外人，「做那些令人憎恨的事。模仿外人被認為是變節和背教行為。「任何模仿外國人的人都是犯了侮辱民族罪，就如同一個間諜從一條密道引入一個敵人。」⑥1

各種方法被用來切斷信徒與非信徒的聯繫。有些群衆運動甚至採取極端措施：領導其信徒走入曠野，以便他們在不受打擾的環境下習慣新的生活方式。

要避免有破壞性的模仿，最有效的方法當然是灌輸追隨者一種藐視外面世界的心態。然而，一個積極的群衆運動會鼓勵仇恨多於藐視，而仇恨不但不會窒息模仿性，反而會助長之（見第七三節）。只有一個四面被陌生人事物包圍的小團體，因爲矢志要保存自己的特殊性，才會用藐視作爲絕緣體。不過，這種排他性卻會不利於爭取新信徒。

一個徹底團結的群體因爲具有高度的模仿性，其彈性和適應能力也十分強大。它要採取革新措施或改變方向都輕而易舉。這一點，從團結的日本和團結的土耳其能快速實現現代化可見一斑，反觀中國和伊朗等國家，因爲缺乏團結精神，接受新事物的過程就緩慢而痛苦。高度團結的蘇聯接受新方法和新生活方式的能力，也顯得比一盤散沙的帝俄大很多。同樣明顯的，具有緊密集體制的原始人要比崩潰中的公社與部落組織更易於現代化。㉜

說服手段與強制手段

83 宣傳家只能使群眾信仰他們「已知」的事情

現代人喜歡誇大說服手段的效果，認為從宣傳主張和形塑行為，說服手段都無所不能。我們把宣傳看成一種攻無不克的武器，把我們時代很多大獲成功的群眾運動都歸功於高明的宣傳技巧，並且開始像害怕刀劍一樣害怕語言文字。

事實上，把一切功勞歸於宣傳，就像把耶利哥城城牆的崩塌歸功於約書亞的號角聲一樣，是沒有多少根據的。要是宣傳的力量有人們想像的十分之一，俄國、德國、義大利和西班牙這些獨裁政權就用不著那麼暴虐。因為宣傳要是有效，這些國家自會動用喧譁吵鬧、厚顏無恥的一切宣傳伎倆，卻不會有祕密警察、集中營和大屠殺。

事實似乎是這樣的：宣傳單靠自身的力量，是無法叫那些不願接受的人接受的。它既不能創造全新事物，也無法保證那些相信它的人一直相信到底。它只能打入那些本來就打開的心扉，或是把某些已經爲人們所接受的主張強固化。高明宣傳家所做的事只是把聽衆心中業已徐徐成熟的意見和情緒引發至沸騰翻滾的程度而已。他呼應了他們內心深處的感情。在意見並非透過強制手段強加的時候，宣傳家只能使群衆信仰他們「已知」的事情。

最容易單憑宣傳打動的一種人是失意者。他們的恐懼、希望和激情把五官給閉塞住，把他們與現實世界隔離開來。他們所能看到的，只是他們想像出來的事情，而在宣傳家鼓動的言辭中，他們聽到的是自己靈魂發出的音樂。事實上，感情奔放的胡言亂語和響亮的口號，要比邏輯無懈可擊的精確言辭更能引起失意者的共鳴。

宣傳技巧再高明，都不可能讓那些失去信仰的人再度相信。爲了以防萬一，一個群衆運動必須有所準備，以便在人們不再相信它時，用武力使他們相信。⑹就像我們在稍後（第一〇四節）將會看到的，文字言說在群衆運動的醞釀階段是不可少的。但一個運動一旦發動起來，文字言說儘管仍然有用，但它的作用卻不是決定性的。就連宣傳大師戈培爾博士（Dr. Goebbel）⑭在沒有心防的時刻也承認：「如果宣傳想要眞的奏效，那它的後面必須時時刻刻備著一把利刃。」⑮他又說：「不可否認的是，好的宣傳總比沒有任何宣傳能多做一些事。」⑯這不啻是自辯之辭了。

84 我們愈有理由內疚，我們的宣傳就愈狂熱

有別於一般所以為的是，當宣傳手段與強制手段結合，會比它單獨作用時更為狂熱和喋喋不休。

這是因為，不管是使用強制手段使人信服的人，還是因受到強制手段而皈依的人，都有需要相信，他們所強加或被強加的信仰，是唯一的眞理。沒有這種信仰，那使用強制手段的人——如果他不是從一開始就是個邪惡的人——很容易覺得自己是罪犯，而被強制手段加身的人則會覺得自己是寧願出賣靈魂偷生的懦夫。

因此，宣傳的目的與其說是為了說服別人，不如說是為了說服自己；我們愈有理由內疚，我們的宣傳就愈狂熱。

85 狂熱可以帶來暴力，暴力也可以孕育狂熱

一如狂熱可以帶來暴力，暴力也可以孕育狂熱。我們常常很難說出它們誰先誰後。不管是暴力的施加者還是承受者，都同樣容易發展出一種狂熱的心靈狀態。費雷羅（Ferrero）論法國大革命的恐怖份子時指出，他們製造的血腥愈多，「就愈需要相信他們的原則是絕對正確的。他們才會心安理得，有力量繼續向前衝。他們不是因爲相信民主是一種宗教性眞理才流那麼多血；他們是因爲害怕，才去試著相信民主是宗教眞理和會製造那麼多血腥。」㊼恐怖手段不但可以威嚇「忠實信徒」和粉碎敵人，還可以讓他們自己的信念受到激勵和強化。美國南方每一次發生私刑處死黑人事件，不僅會讓黑人聞風喪膽，也會讓白人優越感得到激強。

在受到強制而皈信的人之中，暴力也可以孕育狂熱。有證據顯示，受強制而皈信者，其對新信仰的狂熱程度，並不亞於受說服而皈信者，有時甚至猶有過之。「違反自己意志而屈從的人還是保持著自己意志的」一說並不總是眞的。

伊斯蘭教是憑著武力傳揚開來的，但被逼皈信的穆斯林流露的虔誠，比第一批的阿拉伯人還要強烈。雷南認爲，被迫皈依的穆斯林讓伊斯蘭教成爲「一種愈來愈強大的信仰。」⑱狂熱的正統派在任何運動中都是後起的事物。只有在一個運動充分掌權以後，它才會既用武力也用勸說來推行其信仰。

因此，當強制手段毫不容情和持續不休的時候，它會產生一種無與倫比的說服力，而且不只頭腦簡單的人會被說服，連那些以才智自傲的人亦復如此。例如，當俄國的科學家、作家和藝術家被克里姆林宮要求放棄信念和承認錯誤時，他們十之八九都是眞心悔罪，而不只是口頭敷衍。人需要有狂熱的信仰才能使他的懦弱站得住腳。

86—征服與說服手段相伴而行，而後者往往是前者的藉口和工具

幾乎找不到一個群衆運動是單靠說服手段而獲得可觀和經久的成就。基督宗教色彩強烈的歷史學家賴德烈（K. S. Latourette）就不得不承認：「不管耶穌的精神和軍隊有多麼不相容，也不管承認這一點有多麼讓人不愉快，但前者往往是靠後者才能存活，卻是明明白白的歷史事實。」⑲讓基督宗教得以成爲一種世界性宗教的，乃是塵世之劍。征服與說服手段相伴而行，而後者往往是前者的藉口和工具。每逢基督宗教得不到或留不住國家權力的支持，它就無法廣泛或經久傳佈。「在波斯……基督宗教碰到的對手是一個國王支持的國教，因此它僅是一種少數人的信仰。」⑳伊斯蘭教的流傳誠屬驚人，但它靠的主要是征服手段，說服手段只是副產品。「伊斯蘭教每個最興盛的時期都是其政治力量升得最高的時候；也正是這些時候，它獲得最多外部信徒的皈信。」㉑宗教改革只有在得到諸侯或地方政府支持之處，才有所發展。路德最睿智的副手梅蘭希頓（Melanchthon）不諱言：「沒有在位者的幫助，我們的教規能成爲什麼呢？

不過是柏拉圖式的精神法則罷了。」[72]例如在法國，因爲得不到國家權力的青睞，宗教改革只能倒在血泊中，永不復起。法國大革命的例子也是如此：「眞正穿透整個歐洲的，不是大革命的各種觀念，而是它的軍隊。」[73]根本沒有所謂思想上的感染。法國將軍迪穆里埃（Dumouriez）否定革命者所說的，自由的神聖原則「就像《古蘭經》，是一把手中之劍。」[74]共產主義現今的威脅並不是來自有力的宣傳，而是因爲它背後有一支強大的軍隊。

看來，當一個群衆運動只能在說服手段和強制手段中二擇其一的話，通常會選擇後者。說服手段曠日廢時，也不保證有效果。西班牙的聖多米尼克（St. Dominic）譴責異端的阿爾比派（Albigenses）時這樣說：「多年以來，我一直用溫和態度勸告你們，向你們佈道，爲你們禱告、哭泣，但一概無效。根據我國格言：『祈禱無效處，棒喝會奏效。』罷了，我們將要發動諸侯和主教制裁你們，要把各國武裝起來對付此地……在祈禱與溫和態度都無能爲力之處，棒喝會奏效。」[75]

87 熱烈的信仰可以有效發揮暴力

認爲群衆運動不可能用武力來制止，是不確之見。哪怕是最洶湧澎湃的群衆運動，一樣可以用武力制止之，粉碎之。但必須是無情和堅持的武力。這正是信仰不可少的地方。因爲無情和堅持的迫害只能來自狂熱的信念。希特勒說過：「任何暴力，如果它不是立足於堅固的、精神性的基礎，就遲早會動搖、靠不住。它缺乏那種單是依靠狂熱信仰的暴力所具有的穩定性。」⑯從個人獸性所發出的暴行既不會夠暴烈，也不會維持得久。它是間歇性的，會受情緒和猶豫的妨礙。「武力一旦動搖，並和寬容交替使用，那不只受壓抑的思想會一再抬頭，還會從每次遭受的壓迫裡獲得新的力量。」⑰神聖的迫害者是不知止境和不會搖擺的。

由是觀之，我們需要熱烈的信仰，不只是因爲它可以抵抗高壓⑱，也是因爲它可以有效發揮暴力。

理論與實際愈是矛盾的群眾運動，就愈是熱中把自己的信仰加諸別人

人要轉化別人信仰的衝動從何而來？

信念的熾烈並不是一個運動想要把其信仰傳播到世界各個角落的主要原因，因爲誠如大史家布克哈特（Burckhardt）所說的：「信仰強烈的宗教對異己的態度往往是藐視、摧毀，頂多也只是可憐。」[79]轉化別人的動機也不是力量太過強大的一種表現——如培根所說的「有如洪水，必歸漫溢。」[80]傳教士的熱忱毋寧是來自一種深刻憂慮——一種因中心[81]的頹象已露而引起的憂慮。傳道或傳揚一種主義，乃是尋找一種尚未找到之物的激情，而不是把已有之物帶給世界的渴望。它是爲了尋找一個終極和不容反駁的證明，以證明我們擁有的眞理是唯一和獨一的眞理。狂熱的傳道者是要透過轉化別人強化自己的信心。愈是容易受質疑的教條，其傳教的衝動就愈強烈。一個不是宣揚某種荒謬或非理性主張的群眾運動，能否具有「不贏得人心就毀滅世界」的狂熱驅力，讓人存疑。

同樣明顯的是，理論與實際愈是矛盾的群衆運動，就愈是熱中把自己的信仰加諸別人。共產制度在俄羅斯愈顯得行不通，它的領袖愈覺得必須妥協，他們對非共產世界的抹黑就愈是厚顏無恥和大膽。類似的，當奴隸制在現代世界顯得愈來愈站不住腳，美國南方的奴隸主就愈是激烈地要把他們的生活方式傳播出去。要是有一天資本主義也成了一種神聖大業，那就反映出，它的優點和長處不再是不證自明的。

傳教和統治世界的激情大概同樣是中心出現了嚴重缺陷的表徵。一群使徒或征服者也許和一群逃亡者沒有多大差別：都是想要逃離家園。事實上，這三種人常常會相遇、混合和互換角色。

89—領袖要等到時機成熟才能扮演他們的角色

不管我們相信領袖對一個群眾運動的興起扮演多重要的角色，毫無疑問，領袖不可能創造出讓一個群眾運動可以興起的各種條件。他不可能憑空變出一個群眾運動來。在運動和領袖出現以前，必須有願意熱烈追隨和服從的人，必須有對現狀強烈不滿的人。當條件尚未成熟，一個領袖本事再大，也是不會有追隨者的。第一次世界大戰及其後遺症爲布爾什維克、法西斯和納粹運動的興起準備好沃土。要是那場大戰提早或延後十或二十年才發生，列寧、墨索尼里和希特勒的命運將會跟十九世紀的煽動家沒有兩樣——後者從未能因利乘便，把常常發生的混亂和危機發展爲全面的群眾運動。還缺少了些什麼。在各種事件匯聚爲第一次世界大戰以前，歐洲人對「現在」還沒有徹底絕望，也因此不會願意犧牲它，換取一種新生活和一個新世界。哪怕是十九世紀的民族主義領袖——環境對他們比對革命者有利些——也從未能把民族主義變成像第一次世界大戰以後的那樣神聖大業。好戰的民族主義，和好戰的革命主義看來是同時代人。

在英國，它的領袖同樣要等到時機成熟才能扮演他們的角色。在一九三〇年代，那位潛在的領袖（邱吉爾）在人民眼中固然地位突出，而且天天都發聲，但當時卻沒有人願意追隨他。只有到後來戰爭的災難從根本動搖了這個國家，個人自主生活變得無法維持和無意義之後，邱吉爾才有了大顯身手的機會。

所有群衆運動的領袖都會經過一段等待的時間（常常是很長的時間），才會踏上舞台，而且看來總是在一個群衆運動最關鍵的時刻踏上舞台。在他們出場表演以前，要有種種事故和其他人士的活動替他們把舞台佈置就緒。「發號施令者在緊要關頭的出現，看來只是一連串偶然事件的最後一件。」㉜

90 一個領袖最神祕的能力之一，與其說是能掌握群眾，不如說是能控制甚至魅惑一小群能幹之士

一旦舞台佈置就緒，一個卓越領袖就是不可少的。沒有他，就不會有群眾運動可言。環境的成熟並不會自動產生一個群眾運動，選舉、法律和政府組織亦無此能力。把發生在俄國的一系列事件導向布爾什維克革命的，完全是列寧一個人之力。如果他死在瑞士，或是死在一九一七年回國的歸途，那幾乎可以肯定其他著名的布爾什維克黨人一定會加入聯合政府。屆時出現在俄國的，將會是一個多少有自由主義色彩、主要由布爾喬亞所控制的共和國。在墨索尼里和希特勒的例子，證據甚至更爲確鑿：沒有他們就絕不會有法西斯或納粹運動。

此際發生在英國的事情同樣證明，一個群眾運動要成氣候，一個有才能的領袖是不可或缺的。要是現在的工黨政府有一個眞正的領袖（比方說邱吉爾），它就可以在群眾運動的激烈氣氛中大刀闊斧實施國有化政策，而不致陷入如今黯淡無光的節約計畫。他會懂得編派給工人一個英雄角色，讓他們覺得自己是

一個科學化產業革命的先鋒。他會讓英國人覺得，他們的主要任務乃是向世界（特別是美蘇兩國）表明，一個眞正文明的國家在實行現代生產方法之餘，既有能力擺脫資本主義混亂、浪費、貪婪的流弊，亦有能力擺脫布爾什維克官僚制度的權詐、野蠻與無知。他會懂得怎樣把大戰最黑暗那段歲月的自負與希望灌輸給英國人民。

他需要有一個非凡領袖的鋼鐵意志、膽氣和願景，把現有的種種立場和力量加以協調和動員，使其成爲一個群衆運動的驅力。他會把失意者內心的積怨大聲說出來並加以合理化。他會描繪出一個令人屏息的未來，以此證明，犧牲轉瞬即逝的現在是值得的。他會製造一些冠冕堂皇的假象，以促進團結行動和自我犧牲的精神。他會喚起人們對集體的熱忱，讓他們覺得個人的生存是渺小而沒意義的。

要有這樣的表現，需要些什麼才具呢？

智力過人、性格高貴和原創性看來都不是必要條件，甚至不是可欲的。需要的主要條件如下：大膽破格，以桀驁爲樂；鋼鐵般的意志；狂然相信自己掌握了唯一且獨一的眞理；相信自己是命定的領袖，總是受幸運之神眷顧；具有強烈憎恨別人的能力；藐視現在；懂得利用人性弱點；喜歡排場（壯觀的場面和典禮儀式）；厚顏無恥，可以完全不顧前後一致和公道公理；認識到追隨者渴望的是集體性，而且再多的集體性也不爲過；有能力贏得和維持一群能幹助手的絕對忠誠。最後這一種本領是最重要和最難學的。一個領袖最神祕的能力之一，與其說是能掌握群衆，不如說是能控制甚至魅惑一小群能幹之士。這些幹員必須一無所懼、精明自負，有能力組織和推動大規模的行動。另一方面，他們又會完全順服於領袖的意志，從他那裡得到鼓舞和驅力，並在順服中感到光榮。

上述列舉的條件並不是同等重要的。看來其中比較重要幾項厚顏無恥、狂熱相信自己是從事神聖偉業、意識到緊密集體生活的重要性，以及能爭取到一小群能幹助手的狂熱奉獻——最後一項尤其重要。作爲一個領袖，托洛斯基（Trotsky）的失敗在於他忘了——更可能是沒有能耐——建立一個能幹而忠誠的班底。他吸引不到別人的效忠，即便吸引到也無法保持下去。⑧他的另一個短處是改變不了他對個人的尊重，特別是對有創造性個人的尊重。他並不相信自主的個體是罪惡和無力的，也不明白集體性對一個群衆運動的絕對重要性。孫逸仙的成功，在於他能「把一大群忠誠幹練的人吸引到他身邊，用他對新中國的願景激發他們的想像，從而得到他們效忠和獻身。」⑭蔣介石恰恰相反，他看來缺乏一個群衆運動領袖所必備的每一項條件。另一方面，戴高樂則顯然是個有領袖魅力的人。俄國以外地區的共產黨領袖因爲對史達林和政治局卑躬屈膝，因此無法建立眞正領袖的形象，只能始終是能幹助手的身份。看來，共產主義想要在任何西方國家成爲有效的群衆運動，那麼以下兩條相反的途徑必須二擇其一：要不是把史達林的形象營造得具體直接，使之可以作爲一種催化劑；要不就是仿效狄托（Tito）的榜樣，鬆開在地黨部與俄國共產黨的聯繫，對資本主義和史達林主義兩者都表現出桀驁不馴。要是列寧當初只是俄共領袖派駐在遙遠地方的使節，他日後能否對俄國歷史發揮決定性的影響力，大有疑問。

領袖必須是個務實者和現實主義者，但說起話來又得像個夢想家與理想主義者

因爲當代許多成功群衆運動領袖所提出的主張都很粗糙，我們就傾向於以爲，心靈某種程度的粗疏和不成熟，是卓越領袖的條件之一。然而，讓一個艾美・麥克佛生（Aimee McPherson）⑮或一個希特勒能爭取到群衆的並不是他們的淺陋智慧，而是他們的無邊自信，這種自信給他們的荒謬主張帶來巨大支撐力量。不過，換成是一個具有眞智慧的領袖，如果他敢於追隨自己的智慧到底，那成功的機會是一樣的。對群衆運動的領袖而言，見解的精闢與否看來無關宏旨。眞正重要的是他敢於擺出自負的姿態、完全漠視別人的意見，不惜一個人單挑整個世界。

某種程度的矇騙，對有效的領導權是不可少的。沒有任何群衆運動的領袖是沒有故意歪曲事實的。沒有任何堅固、具體的利益足以讓一群追隨者忠貞不二，視死如歸。領袖必須是個務實者和現實主義者，但說起話來又得像個夢想

家與理想主義者。

有原創性不是一個群衆運動領袖的必備條件。成功的群衆運動領袖一項讓人驚異的特質是，他隨時準備好模仿朋友與敵人，模仿古代與當代的榜樣。另一個能幹群衆運動領袖必備的特質是勇敢，而這種勇敢同時表現在勇於模仿和勇於睥睨世界。任何英雄事業的成功，都繫於漫無邊際的模仿能力，繫於一種全心全意對榜樣的仿效。這種過人的模仿能力反映出，這個英雄是缺乏一個充分發展和完全實現的自我的。他的身上有許多東西不是發育不全的就是受到了壓抑。他的力量來自他的盲點和死心眼。

92 「忠實信徒」的行為不管多麼粗暴，他基本上都是一個恭順服從的人

完全放棄自我是達成團結性和自我犧牲的先決條件。而要實現這種放棄，最直接的方式大概莫過於灌輸和頌揚盲從的習慣。史達林之所以逼科學家、作家和藝術家搖尾乞憐，否定自己的個人智慧、美感和道德感，不是為了滿足施虐癖，而是為了培養盲目服從的美德。所有群眾運動都把服從列為最高美德，視之為與信仰等量齊觀。教皇李奧十三世（Leo XIII）早說過：「心靈間的團結不但表現在信奉單一信仰，也表現在以對待上帝的恭敬和順服對待教會與教皇。」⑧服從不僅是上帝要求的第一守則，也是一個革命政黨和狂熱民族主義的第一原則。「別管理由」被所有的群眾運動視為最強烈的忠誠標誌。

由於群眾運動往往會帶來失序、流血和破壞，我們很容易會認為，群眾運動的追隨者都是天生粗暴和無法無天。事實上，群體的殘暴並不總是個體殘暴的總和。個人的殘暴會妨礙聯合行動。殘暴的個性也會讓人起而為己謀。它可

以使人成爲拓荒者、冒險家和盜匪。相反的，「忠實信徒」的行爲不管多麼粗暴，他基本上都是一個恭順服從的人。劫掠亞歷山大里亞大學，私刑處死涉嫌是異端的教授的那些基督徒，都是一個緊密教會的順服成員。不管是日本還是納粹的暴徒都是世界有史以來最有紀律的一群人。在美國南方，那些容易受種族主義感染的狂熱份子，平常是安分守己的工廠工人。軍隊的情形也是如此，從軍的人特別容易遵守紀律。

失意者樂於以獨立性來交換免於做決定的自由

生活貧困而有不安全感的人，看來要比過得自足自信的人容易服從。對失意者來說，不用負責任比不用受約束更有吸引力。他們樂於以獨立性來交換免於做決定的自由，因爲這樣一來，他們就不用爲任何失敗負責任。他們自願把生活主導權交給那些愛計畫、愛發號施令、愛把所有責任一肩扛的人。另外，順服一個最高領袖也是實現他們平等憧憬的一個方法。

在危機時期（水災、地震、瘟疫、經濟蕭條、戰爭等），因爲單打獨鬥是不起作用的，所以各種個性、處境的人都會願意服從和追隨一位領袖。在日復一日的混亂失序中，服從就像一方錨碇。

94 順服於一個領袖不是實現目的的手段，而是目的的實現本身

失意者亦容易成為最堅定的追隨者。令人驚訝的一件事情是，在集體行動中，最缺乏獨立性的人是最不容易因為失敗而氣餒的人。理由在於，他們之所以參加一件共同事業，動機不那麼是為了增加成功的機會，而主要是為了在面臨失敗時，不需要負失敗之責。因此，即使一件共同事業失敗了，他們仍然可以躲過一件他們最害怕的事：在別人面前暴露出個人短處。他們的信念毫不因為失敗而受損，只會急於投入新一輪的集體行動中。

失意者之所以追隨一個領袖，與其說是因為他相信他可以把他們帶到一片應許之地，不如說是因為領袖可以把他們帶離開他們不想要的自我。順服於一個領袖不是實現目的的手段，而是目的的實現本身。至於領袖會把他們帶到何處去，只是次要的問題。

95 一個領袖與其說是領導人民，不如說是追隨人民

群衆運動的領袖與自由社會的領袖大概有一個關鍵的不同處。在自由社會，一個領袖只有在盲目相信人民的智慧與善良的情況下，才可望維持人民對他的支持。擁有這種信仰的二流領袖會比沒有這種信仰的領袖在位更久。這表示，在自由社會，一個領袖與其說是領導人民，不如說是追隨人民。他必須找出人民的意向，以便可以領導他們。要是一個自由社會的領袖變得瞧不起人民，他或遲或早會得出一個錯誤和要命的想法：所有人都是蠢才。這樣的話，他垮台是指日可待的。但在一個領袖可以施用殘暴的強制手段時，情形又另當別論。然而，換成是一個積極的群衆運動，也就是領袖可以得到追隨者盲目信仰的場合，他卻可以放膽倚重一個理論：所有人都是懦夫。以這種態度對待追隨者，他就會得到想要的結果。

左派領袖在美國工會之所以吃不開，是因爲他們沿襲黨的路線，採取黨的伎倆，把群衆運動那一套誤用在一個自由人構成的組織。

行動

96 沒有撕去自己特殊性和分化性的人會難以投入行動

行動是促進團結的媒介。眞正的行動人（man of action）——建造者、士兵、運動員，甚至科學家等，其個體性都要低於思想家或創造力來自沈思默想的人。忙於外務的人彼此之間要有更多的共通點，也更同質。沒有撕去自己特殊性和分化性的人會難以投入行動。因此，一個行動性人物會傾向於齊一性。要不是美國人集體從事於征服一個大洲的行動，我們這個由移民構成的國家能否達到現在這麼驚人的同質性，不無疑問。那些爲行動（即賺錢）而移民美國的人，要比那些爲實現某種崇高理想來此的人更快和更徹底美國化。前者會馬上感到與抱著同一目的而來的數百萬移民具有親緣關係。他們就像是參加了一個兄弟會。他們早早明白到，想要成功，就必須與同儕融合在一起：做他們所做的事，說他們所說的語言，玩他們所玩的遊戲。另外，因爲忙著追求成功，他們的自我會難以展開[87]。相反的，那些爲實現理想（自由、正義、平等）而移民來此的人，會用他們的理想來衡量這片新土地的現實，發現它的不盡理想之處。這樣，他們就會有優越感，並無可避免覺得與新環境格格不入。

97 行動人之間的「國際」

思想人（men of thought）彼此間很難共事，但行動人之間卻很容易發展出同志情誼。思想工作或藝術工作極少是以團隊方式進行的，但在行動人之間，團隊工作卻是司空見慣，甚至是少不了的。「來吧，讓我們來建造一座城，還有一座塔。」⑧⑧——這樣的呼號就是一種號召群體行動的呼號。一個共產黨工委跟一個資本主義工業家的共同點，可能大於他和一個共產黨理論家的共同點。行動人之間的國際才是眞正的「國際」。

98 失意者把行動視為醫治他們煩惱痛苦的良方

所有群眾運動都會利用行動作爲一種促成團結的手段。一個群眾運動之所以要散播和鼓勵鬥爭，除了是爲了整垮敵人，也是爲了撕下追隨者身上的個體特殊性，讓他們更完全地融於集體中。開墾林地、建造城市、拓荒和大規模的工業計畫皆有類似功能。就連踢正步也可以作爲一種團結催化劑。納粹曾大量使用這種行動的荒謬變體。勞施寧（Hermann Rauschning）起初覺得這種無休止踢正步之舉毫無意義，徒然浪費時間與精力，但日後卻看出其中奧妙：「踢正步讓人心無二用。踢正步可以扼殺思想。踢正步可以泯滅個性。」⑱

一個鼓勵行動的群衆運動可以喚起失意者的熱烈反應。因爲失意者把行動視爲醫治他們煩惱痛苦的良方。行動可以讓他們遺忘自我，讓他們有一種目的感和價值感。事實上，失意者的失意感看來主要是源於缺乏行動的機會，而失意感最深重的就是那些才具與性情都足以過一種行動性生活，卻爲環境所囿，只能在閒散中虛耗人生的人。要不是這樣，你又怎樣解釋以下這件令人驚訝的事實：列寧、托洛斯基、墨索尼里和希特勒大半輩子都只是在咖啡館或會議中放言高論，卻在一夕間變成他們時代最能幹和最不知倦怠的行動人？

99 成功的行動往往會帶來自身的終結

信仰可以為行動組織好和裝備好人的靈魂。以下這些特質都足以讓人在任何行動領域堅定而無情地邁進：自信擁有唯一和獨一真理，從不自疑；感覺自己受到一股神祕力量支持，不管這力量是上帝、命運還是歷史法則；絕對相信自己的敵人是邪惡化身，必須予以粉碎；樂於泯滅自我和為義務獻身。喜歡唱讚美詩的士兵、拓荒者、生意人和運動員都證明他們是令人生畏的。革命和民族主義的熱忱具有相似效果：它們同樣可以把無精打采、死氣沈沈的人轉化為戰士和建造者。這也是落後停滯的國家想要現代化，群衆運動絕不可少的另一個原因。

然而，「忠實信徒」特別適合行動生活，對一個群衆運動來說有利也有弊。群衆運動會打開寬廣的行動領域，但也有可能反過來加速群衆運動的結束。成功的行動往往會帶來自身的終結。它會讓所有精力與熱情得到宣洩，變得乾涸。這時候，信仰與神聖偉業不會再是最高目的，而變成只是行動機器的潤滑劑。

另外，「忠實信徒」會因為所作所為無不成功而獲得自信，因而與「自我」和「現在」取得和解。他不會再視救贖端賴把自己掩埋在一個集體和化身為一顆沒有意志、判斷和責任的粒子。代之以他會在行動中尋求救贖，以行動證明自己的價值和優秀。雖然行動不能帶給他自我實現，但他卻期待可以從中找到存在的理由。埋頭於行動的人往往是最缺乏宗教性格、革命性格和沙文主義性格的。盎格魯—撒克遜人之所以社會穩定、政治和宗教上寬容，部份原因就在於他們富於行動的意志、技巧和機會。在他們，行動取代了群眾運動的作用。

當然，有一種危險是始終存在的：嚴重經濟蕭條和打敗仗帶來的失意感如此強烈，以致任何群眾運動都會發現，擺在它們前面的發展機會是現成的。第一次世界大戰後德國的處境，部份原因正在於一個以行動能力知名的民族因為戰敗而變得無可作為。希特勒給了他們一個群眾運動。但更重要的，是他為他們開啓了狂熱、無休止、規模壯闊的行動的無限機會。這就怪不得德國人會把他奉若救世主。

猜疑

100 群眾運動廣泛使用猜疑作為一種統治機制

上文談過，失意者的心靈會分泌腐蝕性黏液，其成份雖然主要是恐懼和惡意，卻能發揮神奇的黏合作用，把不滿的人結合為一個緊密的集體。猜疑也是這種腐蝕性黏液的成份之一，同樣可以作為一種團結的催化劑。

因為深諳自己的瑕疵與缺點，失意者對別人的歹意與惡念總是特別眼尖。一個有自卑感的人特別容易看出別人的短處。如果別人身上有我們自己竭力隱藏的那種瑕疵，我們總是不遺餘力去加以揭發。所以，當一群失意者因一個群眾運動結合在一起時，總是會瀰漫出強烈的猜疑氣氛。值得驚異的是這種同儕間的病態互不信任不但不會帶來分裂，反而會帶來強固性。這是因為知道自己不斷被監視，群體中每一個成員會熱烈遵守行為與思想守則，以避免受到猜疑。

因之，互相猜疑對維持嚴格正統所起的作用並不亞於熱烈的信仰。群衆運動廣泛使用猜疑作爲一種統治機制。納粹讓它的各級黨員總是感到自己處於監視之下，讓他們總是處於不安與恐懼狀態。⑽害怕鄰人、親人甚至親屬，看來是所有群衆運動內部的鐵律。三不五時都會有無辜者被指控和被犧牲，其目的是讓猜疑的氣氛保持蓬勃。敵人（每一個群衆運動都少不了的那個假想魔鬼）是無處不在的。他會在信徒的內外部署陰謀。他藉異議份子之口說話，援引偏差份子做助手。如果群衆運動內部出了什麼狀況，一定是他幹的好事。所以，猜疑乃是「忠實信徒」的神聖義務。他必須隨時保持警覺，讓破壞者、間諜和叛徒無所遁形。

101 相互猜疑可以帶來相互恐懼，會像一個鐵環套那樣把大家緊緊套在一起

團結性不是「忠實信徒」彼此間手足之愛的產物。「忠實信徒」忠誠的對

象是整體（教會、黨、國家），而不是同仁。只有在一個比較寬鬆、自由的社會，個人間的忠誠才有可能存在。一如亞伯拉罕不惜犧牲獨子以證明他對耶和華的虔敬，狂熱的納粹或共產黨人都隨時準備好犧牲親屬朋友，以表明他們對神聖偉業的忠貞不二。新興的群衆運動把血緣和朋友關係視爲一種會減損群體向心力的東西。集團成員間的相互猜疑不但不會影響集團的力量，甚至幾乎是這種力量的先決條件。「當有強烈信念和強烈激情的人們結合在一起，他們就會以猜疑互相監視，而力量也由此而產生。這是因爲相互猜疑可以帶來相互恐懼，而這種相互恐懼會像一個鐵環套那樣把大家緊緊套在一起，不容誰逃逸，也會在他們軟弱的時刻撐著他們。」⑼

狂熱的群衆運動一個可怕之處在於它所鼓勵的自我犧牲，也包含著對道德感上的犧牲。誠如蒙田所說：「我們的熱情在附和我們仇恨、殘忍、野心、貪婪、誹謗和叛變這些傾向上，表現優異。」⑽

102 「忠實信徒」永遠不會覺得完整，永遠不會覺得安全

完全的團結一致往往會讓那些促成團結的心理傾向與態度趨於熾烈。上文已經談過團結一致可以強化仇恨性（第七七節）和模仿性（第八二節）。相同的，完全融於集體中的個人，也會比他處在準皈信狀態時更輕信和更服從。儘管一個群眾運動的領袖總是會想盡辦法維持信徒仇恨的熱度，鼓勵模仿、輕信和服從，但即使沒有領袖的操弄，單靠一個群眾運動的團結一致性本身，也足以激化當初作為團結催化劑的那些心性。

這乍看是很費解的，但卻自有道理。先前我們談過，大部份可以催化團結的因素，都是讓信徒產生失意者的心理傾向，也就是一種厭惡、疏離自我的傾向。然而，一旦完全同化到一個緊密集體裡以後，「忠實信徒」不會再有失意

感。他已經得到了新的身份和新的生活。他自視爲被揀選的，受到一些無敵的力量所支撐和保護，注定要封土稱王。他的心靈狀態截然有別於失意的人。儘管如此，他的內在緊張與不安全感不但一點不會減少，反而更加熾烈。

這是怎麼回事？

團結化是一個減損的過程多於增益的過程。爲了同化到一個集體中，個人必須剝去他的個體特殊性。他會失去自由選擇和獨立判斷的權力。很多他的自然性向和衝動都要加以壓抑或鈍化。這些都是減損。至於那些看起來是增益的成份（如信仰、希望、自負和信心），其源頭都是消極性的。「忠實信徒」的歡欣並不是來自力量與智慧的儲積，而是出於一種解脫感：他從自主生活無意義的重擔中解脫出來了。「我們德國人好幸福。我們不用扛自由的擔子。」㉓這是一個年輕納粹黨員戰前所說的話。他的快樂和剛毅來自他不用再當自己。任何對他自我的攻擊都傷不了他分毫。他在面對死敵折磨或艱難困境時表現的堅忍力量，要比一般人大得多。但他的這種頑強性依賴於那條把他跟集體聯繫在一起的生命線。只要他感覺自己是集體的一部份一天，他就是不可摧毀和不死之身。換言之，他的所有激情與狂熱都是簇聚在上述的生命線四周。他對完全融入集體的渴望比失意者逃離自我的渴望還要強烈。失意者還有一個選擇：他想找到新生活，不只可以透過成爲一個集體的一部份，還可以透過改變環境或全心全意投入某種事業。但已完全融入集體中的人卻別無選擇。他必須攀附著集體，否則就會像落葉一樣凋謝和褪色。被革教的僧侶、被開除的共產黨員和叛國的沙文主義者是否有可能找回自主個人所擁有那種平靜的心靈，令人懷疑。他們都是不能過獨立生活的，必須擁抱一件新的大業和依附到一個新的集體去。

「忠實信徒」永遠不會覺得完整，永遠不會覺得安全。

103 獻身乃是個填不滿的無底洞

群衆運動用什麼手段來強化和維繫其依附者的不完整感，值得一提。其中一個手段是把教條提高到理性之上，這樣，個人智慧就沒有用武之地。另一手段是透過經濟集權和故意使生活必需品稀少，讓個人產生經濟依賴。擁擠的居住或生活空間可以讓人少些獨立性，逼使每個人每天參與公共活動亦有相同功能。對文學、藝術、音樂和科學強力審查，可讓即使有創造力的人也無法過上自足的生活。教誨信徒向教會、黨、國家、領袖或信條獻身，亦可以強化個人的不完整感，因爲獻身乃是個塡不滿的無底洞。

因此，即使是本來自足的人，身處一個群衆運動，也會被塑造得不完整和具有依賴性。雖然沒有失意感或悲憤，他們還是會顯示出那些渴望在一個集體中擺脫自我的人的特質。

註釋

①見第六四節論軍隊的部份。

②「在北美洲的印第安人中，那些最有團結感的部族是最好戰的。」引自 W. G. Sumner, *War and Other Essays*（New Haven: Yale University Press, 1911）, p. 15.

③對這個議題更多的討論，見第九〇節。

④〔譯註〕指後代子孫的福祉。

⑤〔譯註〕古代基督宗教神學家。

⑥〔譯註〕《新約》的經文，指耶穌從死裡復活。

⑦〔譯註〕一八四六年（時值美國西部拓荒和淘金的熱潮）從伊利諾州向加州遷徙的一支團隊，途中在內華達山遭逢大雪，飢凍交加，死亡枕藉，後遇救，生存者僅餘半數。

⑧Christopher Burney, *The Dungeon Democracy*（New York: Duell Sloan & Pearce, 1946）, p. 147. See also on the same subject Odd Nansen*From Day To Day*（New York: G. P. Putnam's Sons, 1949）, p. 335; also Arthur Koestler, *The Yogi and the Commissar*（New York: Macmillan Company, 1945）, p. 178.

⑨對這個議題的另一個觀點，見第一二〇節。

⑩Ernest Renan, *History of the People of Israel*（Boston: Little Brown & Company, 1888-1896）, Vol. III, p. 416.

⑪John Buchan, *Pilgrim's Way*（Boston: Houghton Mifflin Company1940）, p. 183.

⑫《舊約・傳道書》一章十節。

⑬同上書，一章九節。

⑭同上書，九章四、五、六節。

⑮這個讓人不安的眞理可在納粹入侵時候一個諾威人（Norway）所寫的信得到印證：「我們的麻煩是，我們生活的各方面一直那麼理想，以致很多人已經喪失了眞正的自我犧牲精神。大多數人的生活是那麼美好，他們不願意拿它來干冒奇險。」轉引自J. D. Barry in the San Francisco, *News*, June 22, 1940.

⑯《新約・歌林多前書》一章二十八節。

⑰《舊約・約伯書》二章四節。

⑱Luther, "Table Talk, Number 1687." Quoted by Frantz Funck-Brentano, *Luther*（London: Jonathan Cape, Ltd., 1939）, p. 246.

⑲Henri L. Bergson, *The Two Sources of Morality and Religion*（New York: Henry Holt & Company, 1935）.

⑳Pascal, *Pensées.*

㉑Thomas a Kempis, *Of the Imitation of Christ*（New York: Macmillan Company, 1937）, Chap. III.

㉒Pascal, *op. cit.*

㉓Konrad Heiden, *Der Fuehrer*（Boston: Houghton Mifflin Company, 1944）, p. 758.

㉔Pascal, *op. cit.*

㉕*History of the Communist Party*（Moscow, 1945）, p. 355. Quoted by John Fischer, *Why They Behave Like*

Russians（New York: Harper & Brothers, 1947）, p. 236.

㉖ Quoted by Emile Cailliet, *The Clue to Pascal*（Toronto: Macmil-lan Company, 1944）.

㉗ Quoted by Michael Demiashkevich, *The National Mind*（New York: American Book Company, 1938）, p. 353.

㉘見第一四節的例子。

㉙ Fedor Dostoyevsky. *The Idiot*, Part IV, Chap. 7.

㉚ Ernest Renan, *op. cit*., Vol. V., p. 159.

㉛ Harold Ettlinger, *The Axis on the Air*（Indianapolis: Bobbs-Merrll Company, 1943）, p. 39.

㉜荷馬史詩《伊利亞特》（*Iliad*），第十二卷。

㉝ Alexis de Tocqueville. *Recollections*（New York: Macmillan Company, 1896）, p. 52.

㉞〔譯註〕語出〈創世記〉之始，和合本《聖經》中譯本譯為「淵面」：「起初，神創造天地。地是空虛混沌，淵面黑暗，神的靈運行在水面上。神說，要有光，就有了光。」

㉟ Heinrich Heine, *Religion and Philosophy in Germany*（London:Trubner & Company, 1882）, p. 89.

㊱ Hermann Rauschning, *Hitler Speaks*（New York: G. P. Putnam's Sons, 1940）, p. 234.

㊲ Fritz August Voigt, *Unto Caesar*（New York: G.P. Putnam's Sons,1938）, p. 301.

㊳ Adolph Hitler, *Mein Kampf*（Boston: Houghton Mifflin Company,1948）, p 118.

㊴ Quoted by Hermann Rauschning, *Hitler Speaks*（New York: G. P.Putnam's Sons, 1940）, p. 234.

㊵同上書，頁二三五。

㊶見第一○○節。

㊷ Crane Brinton, *The Anatomy of Revolution*（New York: W. W.Norton & Company, inc., 1938）, p. 62.

㊸同上書。

㊹同上書。

㊺當捷克宗教改革家胡斯（John Huss）看到一個老太太特別撿一根樹枝加到要燒死他的火刑堆上時，他說：「唉，神聖的單純（O sancta simplicitas）！」轉引自Ernest Renan, The Apostles （Boston: Roberts Broyhers, 1898）, p.43.

㊻ Pascal, *Pensées.*

㊼〔譯註〕基督宗教思想認為，在基督再臨前一階段，世上會罪惡橫流、災禍頻繁，有假基督、假先知（即「反基督者」）四處為害。

㊽〔譯註〕《猶太人賢士議定書》是十九世紀俄國祕密警察為誣告猶太人「陰謀」統治世界而杜撰的文件，是反猶太主義所依據的重要文件，曾被納粹黨等作為反猶太的聖典。

㊾ Hermann Rauschning, *Hitler Speaks*（New York: G. P. Putnar's Sons, 1940）, p. 235.

㊿ Adolph Hitler, *op. cit.*, p. 351.

(51) Pascal, *op. cit.*

(52)〔譯註〕瑞士重要的宗教改革運動領袖，在聖餐禮的問題與路德產生嚴重分歧。

(53)〔譯註〕這是基督教〈主禱文〉的開頭部份。

(54) Luther, "Table Talk, Number 2387 a-b." Quoted in Frantz Funck-Brentano, *Luther*（London: Jonathan

Cape, Ltd., 1939）, p. 319.

⑤⑤見第六〇節。

⑤⑥《新約・馬太福音》第五章。

⑤⑦ Fëdor Dostoyevsky, *The Possessed*, Part II, Chap. 6.

⑤⑧ Adolph Hitler, *op. cit*., p. 171.

⑤⑨ Ernest Renan, *History of the People of Israel*（Boston: Little, Brown & Company, 1888-1896）, Vol. I, p. 130.

⑥⓪見第九六節與第九八節。

⑥①語出一九二六年的義大利教育部長。引自Julien Benda. *The Treason of the Intellectuals*（New York: William Morrow Company, 1928）, p. 39.

⑥②對同一個課題的另一個討論，見第三三節。

⑥③ Niccolo Machiavelli, *The Prince*, Chap. VI.

⑥④〔譯註〕納粹的宣傳部長。

⑥⑤ *The Goebbels Diaries*（Garden City: Doubleday & Company, Inc.,1948）, p. 460.

⑥⑥同上書，頁二九八。

⑥⑦ Guglielmo Ferrero, *Principles of Power*（New York: G. P. Pitnam's Sons, 1942）, p. 100.

⑥⑧ Ernest Renan, *The Poetry of the Celtic Races*（London: W. Scott, Ltd., 1896）, essay on Islamism, p. 97.

⑥⑨ Kenneth Scott Latourette, *The Unquenchable Light*（New York: Harper & Brothers, 1941）, p. 33.

⑳ Kenneth Scott Latourette, *A History of the Expansion of Christianity*（New York: Harper & Brothers, 1937）, Vol. I, p. 164.

㉑ Charles Reginald Haines, *Islam as a Missionary Religion*（London: Society for Promoting Christian Knowledge, 1889）, p. 206.

㉒ Quoted by Frantz Funck-Brentano, *op. cit.*, p.260.

㉓ Guglielmo Ferrero, *The Gamble*（Toronto: Oxford University Press, 1939）, p. 297.

㉔ Crane Brinton, *A Decade of Revolution*（New York: Harper &Brothers, 1934）, p. 168.

㉕"Dominic," *Encyclopaedia Britannica.*

㉖ Adolph Hitler, *op. cit.*, p. 171.

㉗同上書，頁一七一。

㉘見第四五節。

㉙ Jacob Burckhardt, *Force and Freedom*（New York: Pantheon Books, 1943）, p.129.

㉚ Francis Bacon, "Of Vicissitude of Things," Bacon's *Essays*,Everyman's Library edition（New York: E. P. Dutton & Company, 1932）, p. 171.

㉛〔譯註〕指信仰的中心或一個強權的本部。如基督宗教的中心是西方，納粹的中心是德國。

㉜ John Morley, *Notes on Politics and History*（New York: Macmillan Company, 1914）, pp. 69-70.

㉝ Angelica Balabanoff, *My Life as a Rebel*（New York: Harper &Brothers, 1938）, p. 156.

㉞ Frank Wilson Price, "Sun Yat-sen," *Encyclopaedia of the Social Sciences.*

⑧〔譯註〕美國基督教五旬節派女佈道家。

⑧路德認爲：「不順服是比謀殺、不貞、偷竊和不忠實更大的罪。」引自 Jerome Frank, *Fate and Freedom*（New York: Simon and Schuster, Inc., 1945）, p. 281.

⑧見第七八和第八〇節。

⑧〈創世記〉十一章四節。〔譯註〕這裡的「塔」是指巴別塔。據〈創世記〉記載，遠古時人類曾擬建造一座塔頂通天的巴別塔，後爲上帝制止。

⑧ Hermann Rauschning, *The Revolution of Nihilism*（Chicago: Alliance Book Corporation, 1939）, p. 48.

⑨同上書，頁四〇。

⑨ Ernest Renan, *Antichrist*（Boston: Roberts Brothers, 1897）, p. 381.

⑨ Montaigne, *Essays*, Modern Library edition（New York: Random House, 1946）, p. 374.

⑨ A young Nazi to I. A. R. Wylie Shortly before the Second World War. I. A. R. Wylie, "The Quest of Our Lives," *Reader's Digest*, May,1948, p. 2.

4

始與終

Beginning and End

言辭人

Men of Words

104—言辭人可以在不知不覺中動搖既有的體制，讓當權者威信蕩然

群衆運動一般都是在現行秩序信用掃地以後才會出現。但一個秩序會名譽掃地，更多時候不是它犯了大錯或濫權暴虐致之，而是心有不平的言辭人（men of words）①積極促成的。如果一個地方缺乏言辭人，或這些言辭人心中沒有不平，現行政權再無能和腐敗，也可能會繼續掌權，直到自行傾圮崩潰爲止。另一方面，一個體制即使有再多美德和活力，如果它爭取不到言辭人的效忠，一樣有垮台之虞。②

正如我們在第八三節和八六節指出過的，一個群衆運動的實現和延續都需要暴力。一個如火如荼的群衆運動是一種冷酷無情的事業，其操控者是一些冷

酷無情的狂熱者，他們會藉助文字言說，只是爲了讓他們靠強制手段得來的歸順看似出於歸順者自發。但這些狂熱者只有在現行秩序已經信用破產、不再得到群衆擁護時，才可能乘虛而入，掌握權力。在這之前，動搖既有體制權威和讓群衆產生求變之念的工作，都只有受到公認的雄辯者和文章家才能勝任。只要現行秩序大體還能運行，群衆的基本態度就會是保守的。他們可能會想到改革，但不會想到全面革新。狂熱的極端份子不管多麼能言善辯，都只會使群衆覺得他們危險、詭詐、不實際，甚至是瘋子。群衆不會被他們打動。列寧就了解到，在條件還沒有成熟的地方，共產黨員「會感到難以接近群衆……甚至難以使群衆聽他們說話。」③此外，一個政權不管多軟弱、多寬容，都極有可能會對狂熱者的活動加以激烈還擊，並從中獲得新的精力。

但群衆對典型言辭人的態度卻截然不同。群衆會願意傾聽他們的話，這是因爲群衆知道，不管言辭人的話有多麼激烈，都不會產生即時效果。當局要不是懶得管他們，就是只會用溫和方法加以對付。正因爲這樣，言辭人可以在不知不覺中動搖既有的體制，讓當權者威信蕩然，使既有的信仰和忠誠弱化，從而爲一個群衆運動佈置好舞台。

言辭人、狂熱者和務實的行動人三者之間的分別，我們將在以下幾節加以討論。但這不是說他們的分別是絕對的。例如，甘地和托洛斯基起初顯然都是只會用嘴巴的言辭人，但日後卻成爲卓越的領導者或將軍。穆罕默德起初也是言辭人，但後來卻成爲死硬的狂熱者，再後來又蛻變爲出色的行動人。列寧這個狂熱者則同時是個言辭大師和罕見其匹的行動人。我們之所以把三者加以區分，只是爲了說明一件事情：能爲一個群衆運動做好鋪路工作的，是那些善於使用語言和文字的人；但一個群衆運動要能實際誕生出來和茁壯，卻必須藉助狂熱者的氣質與才幹；而最後可以讓一個群衆運動獲得鞏固的，大半是靠務實的行動人。

在本來沒有言辭人的地方出現了一小批言辭人，本身就是邁向革命的一大步。西方列強會在亞洲間接和無意中孕育出一些群衆運動，除了因爲它們點燃了亞洲人民的仇外情緒（見第一節），也因爲它們出於慈善目的而建的教育機構培養出一些言辭人。很多印度、中國和印尼的革命領袖，都曾經在保守的西方學校讀過書。貝魯特的美國學校——它是由一些敬神畏天的保守美國人資助和主持的——就是孕育阿拉伯世界革命者的溫床。另外，中國那些教會學校的老師，毫無疑問亦是在不自知的情況下，爲中國的革命做了鋪路的工作。

105｜造就法國大革命的是虛榮心，自由只是藉口

言辭人分為許多種不同的類型。他們可以是教士、先知、作家、藝術家、教授、學者或一般的知識份子。在中國，讀書寫字是一項艱難技藝，只要是讀書人都可居於言辭人的地位。同樣的情形見於古埃及，識讀圖形文字只是少數人的專利。

不管是哪一類型的言辭人，差不多所有言辭人都有一種深切的嚮往：被肯定。這種嚮往決定了他們對現行秩序的態度。拿破崙說過：「造就法國大革命的是虛榮心；自由只是藉口。」每一個知識份子的內心深處都有一種無可救藥的不安全感。哪怕是最有天份最多產的作家，都會過著一種不斷自疑的生活，需要每天生產出新作品來自我肯定。雷米薩（de Rémusat）對梯也爾（Thiers）④的評論大概適用於所有言辭人：「他的虛榮心要多於雄心；他喜歡別人尊重多於服從，喜歡得到權力的表象多於權力本身。你可以常常請教他，然後照自己的意思做。他會看到你的恭順多於你的實際行為。」⑤

幾乎每一個喜歡找碴的言辭人，一生中都有一個階段，在位者只要表現出謙恭和懷柔姿態的話就可以把他爭取過去。處於這個階段的言辭人大都會樂於當趨炎附勢者和朝臣。要是當權的法利賽人曾經禮賢耶穌，稱他爲拉比，以恭順態度聆聽他說話，那耶穌說不定就不會去宣揚一種新福音了。如果路德早早得到主教職位，從事宗教改革的熱忱也許就會冷卻。普魯士政府要是授與年輕的馬克思一個頭銜和重要政府職位，說不定就可以把他爭取過來；拉薩爾（Lassalle）⑥的情形大概也是如此——送他一個頭銜和一襲官服也許就可以得到他的效忠。不過，等到一個言辭人完成自己一套哲學或主義之後，他就不容易會動搖，不容易受奉承和引誘影響。

不管一個抨擊當局的言辭人，多麼相信自己是爲被壓迫者和受傷害者仗義執言的鬥士，他的動機十之八九都是私人和個人性的。他悲天憫人的態度通常都出於對當權者的憎惡。⑦羅素說過：「只有極少數和極例外的人會具有對全人類的愛，以致無法忍受大衆的不幸和痛苦——不管這種痛苦跟他有沒有切身關係。」⑧梭羅以誇張的措辭道出同一個事實：「我相信，讓一個改革家——

哪怕他是上帝最神聖的兒子——如此悲傷的，不是同胞的苦難，而是他的私人隱痛。要是這種隱痛被拿掉……他就會道歉都不說一聲就拋棄他的同志。」⑨若是一個言辭人的崇高地位受到當權者恰如其分的承認，他往往會找出各種高尚理由來解釋自己爲什麼會站到強者一邊，打壓弱者。例如，路德剛開始挑戰天主教會時，曾對「貧窮、單純、普通的大衆」⑩寄予莫大同情，唯一旦得到德意志各諸侯的支持，他卻宣稱：「不管政府多麼壞，上帝會寧願忍痛讓它存在下去，而不會容許暴民反抗，不管他們多麼有理。」⑪受達官顯貴禮敬的柏克（Burke）把人民群衆稱爲「蠢豬似的大衆」，並建議窮人應該「忍耐、勤勞、節制、儉樸和敬虔。」⑫在納粹德國和共產俄國，被黨捧在手心的言辭人並沒有衝動要站在受迫害者的一邊，去譴責殘忍無情的國家領導人和祕密警察。

106 一個體制明明無能已極卻能夠苟延殘存時，當權者已經與言辭人結成緊密同盟

每當我們看到一個體制明明無能已極卻能夠苟延殘存時，就可以斷言，這個體制要不是完全沒有讀書人階級，就是當權者已經與言辭人結成緊密同盟。如果所有讀書人都是教士，那教會就是不可動搖的；如果所有讀書人都是官吏，那現政權就不太容易會遇到反抗。

天主教會在西元十世紀教皇若望十二世（John XII）主政時期壞到不能再壞，其腐敗和無能要比宗教改革時期尤有過之。但在公元十世紀，所有有學問的人都是教士，反觀在十五世紀，因為印刷術和紙張的出現，讀書識字不再是教會的專利。作為宗教改革先導的，正是非教士身份的人文主義者。至於那些與教會關係密切的學者，或是受教皇禮遇的學者，他們「總的來說對既存制度——包括教廷濫用權力的現象——採取寬容態度，也絕少介意粗鄙的民眾被棄置在迷信的黑暗中——因為他們自己能從這種黑暗中受惠。」⑬

就像古埃及一樣，古代中國的穩定性是官僚系統與文人緊密結合的結果。反之，大清帝國唯一有力的群眾運動——太平天國起事——則是由一個在科舉中屢次名落孫山的讀書人所發動。⑭

羅馬帝國的經久不衰，部份原因是羅馬統治者與希臘的言辭人協力合作的結果。被征服的希臘人覺得羅馬的法律和文明，都是他們的。這就不奇怪，當邪惡變態的羅馬皇帝尼祿——他是希臘文化的誇張仰慕者——在西元六十七年出巡希臘時，會受到希臘人歇斯底里的歡迎。他們打心底把尼祿看成一個知識份子和藝術家同儕。「為了使他高興，他們把各種競技都排在同一年中舉行。所有城市都把他們在競技中贏得的獎品轉送給他。各個委員會繼續等待著他，乞求他賞光造訪和高歌。」⑮反之，尼祿也不吝賞賜希臘人各種特權，又賜予參加地峽運動會（Isthmian Games）的希臘人以自由人的身份。

在《歷史研究》（*A Study of History*）一書中，湯恩比教授（A. J. Toynbee）引用亞歷山大里亞的克勞狄安（Claudian of Alexandria）寫成於凱撒征服埃及近五百年後的一首歌頌羅馬的六步詩後，怨嘆說：「要證明君臨印度的英國在很多方面都要比羅馬帝國〔對埃及〕更仁慈和更開明並不難，但要在印度的任何地方找出一個克勞狄安卻很難。」⑯但我想以下這個假設應該離事實不遠：要是英國在印度不是只關心土王、大君的利益，而是也花過力氣籠絡知識份子，給他們平等待遇，分他們一杯羹的話，那英國人的統治說不定可以永遠持續下去。可惜的是，統治印度的英國官員是任何地方的知識份子都不放在眼裡的那類人。他們都是些行動人，習染了英國人生而優越的信念。他們一般都瞧不起印度的知識份子——既瞧不起他們知識份子的身份，也瞧不起他們印度人的身份。印度的英國人竭力把行動的領域保留給自己。他們從未認眞培養印度人成爲工程師、農學家或技術專家。他們建立的教育制度志在培養「不務實」的言辭人。諷刺的是，這種制度不但沒能維護英國的統治，反而加速其壽終正寢。

英國在巴勒斯坦的失敗，部份也是因爲典型的英國殖民官吏與言辭人之間缺乏友好關係。大部份的巴勒斯坦猶太人儘管強於行動，但因爲教養和傳統使然，本質上都是言辭人，也都是最受不得藐視和侮辱的。但英國殖民官吏卻把他們看成一群怯懦和不知感恩的生事者，以爲只要英國人一撤走，猶太人就會成爲好戰阿拉伯人的俎上肉。猶太人也痛恨英國官員以指導者自居的態度，因爲此輩在經驗和智慧兩方面都及不上猶太人。負責印度事務的英國官員要是換成赫胥黎（Julian Huxley）、尼考爾生（Harold Nicolson）或克羅斯曼（Richard Crossman）一類的能士，大英帝國說不定就可以保住巴勒斯坦的治權。

不管布爾什維克還是納粹政權，顯然都深諳言辭人對國家的關鍵重要性。在我國，文人、藝術家和學者都分享到統治階級的特權。他們全是高人一等的公僕。雖然要服從黨的路線，但他們受到的束縛，並不多於其他菁英份子。在納粹德國，希特勒想要讓菁英階級壟斷一切知識的計畫儘管邪惡，卻不是有欠實際考量的。在這個計畫中，知識份子將會負責統治他預想中的世界帝國，而一般民衆只會得到最起碼的教育。

107 所有當代的群眾運動千篇一律都是由詩人、作家、歷史學家、學者、哲學家之類的人為其前導

在歷史上前導過各個群眾運動的言辭人中，十八世紀的法國文人是我們最熟悉的典型。相似的模式也可從其他群眾運動興起前的階段找到。例如，爲宗教改革打好地基的，是那些撰寫小冊子挖苦和譴責教士階級的人和羅伊希林（Johann Reuchlin）之類攻訐羅馬教廷不遺餘力的文人。基督宗教能夠在羅馬世界迅速擴張，部份是由於它想要取代的異教信仰早已名譽掃地。這種拆卸工作是由希臘哲學家做好的，他們討厭古代信仰的幼稚，紛紛在學院和街衢上大肆抨擊與冷嘲熱諷。基督宗教在猶太教徒中少有收穫，則是因爲猶太教得到猶太言辭人的熱誠效忠。拉比和他們的弟子在當日的猶太社會裡享有崇高地位。在言辭人對社會秩序有極高支配力的地方，沒有任何讓群眾運動自內發展或由外傳入的餘地。

不管是社會主義還是民族主義運動，所有當代的群眾運動千篇一律是由詩

人、作家、歷史學家、學者、哲學家之類的人爲其前導。知識性理論家與革命性群衆運動的關係不需要我來強調。但同樣重要的是，所有民族主義運動——從法國大革命到最近期的印尼民族獨立運動——都是由愛尋疵的知識份子而非行動人構想出來。被認爲是愛國主義支柱的將軍、工業家、地主和大商家都是後來者，是到了群衆運動風起雲湧後才加入的。在每一個民族主義運動的初階，最必須投入力氣去做的其中一件事，就是說服和爭取上述那些愛國主義的未來支柱。捷克歷史學家帕拉斯基（Palacky）說過，他和一小群朋友用餐，要是那個晚上飯廳的天花板垮掉了，就不會有捷克民族主義運動的出現。⑰這一小群「不務實」的言辭人乃是任何群衆運動開始時不可缺的。德國民族主義的催生者是德國的知識份子，一如猶太復國主義的催生者是猶太知識份子。言辭人因爲極在意是不是被尊重，所以哪怕是他們所屬的階級或群體（種族上、語言上或宗教上的）受到羞辱，都會反應激烈。費希特（Fichte）⑱會起而呼籲四分五裂的德國統一，蔚爲一個可以主宰歐洲的強權，正是受拿破崙對德國人（特別是普魯士人）的羞辱所刺激。赫茨爾（Theodor Herzl）⑲會鼓吹猶太復國主義，則是因爲目睹俄國和歐洲其他地區數百萬猶太人所受到的屈辱。某種程度上，那場把英國勢力趕出印度的民族主義運動，乃是肇始於一個瘦巴巴、戴眼鏡的印度人⑳在南非的一再受辱。

108 優秀者信仰盡失，而低劣者激情澎湃

那些愛吹毛求疵的言辭人是怎樣透過持續的嘲諷和指責，來動搖政府威信和讓大衆興起改變現狀之念的，並不難想見。較不爲人知的是，這個削弱政府威信的過程有時可以催生新的狂熱信仰。好鬥的言辭人「在直探現有秩序的根源以指出它缺乏法源與正義」㉑時，更多時候不是爲一個自由社會鋪路，而是爲一個崇尚無比團結和盲從的集體鋪路。廣泛地鼓吹懷疑主義和不敬神往往會導致意料不到的結果。例如，文藝復興是尊人抑神的，但它卻成爲宗教改革和反宗教改革運動新狂熱主義的一個前奏。啓蒙時代的法國人努力暴露王室與教會的黑暗，宣揚理性與寬容，不料卻引發出革命和民族主義，其餘波至今蕩漾。馬克思及其追隨者攻擊宗教、民族主義與重商主義不遺餘力，卻引發出狂熱的社會主義、共產主義、史達林主義和主宰世界的激情。

這是因爲，戳破一種狂熱信仰或偏見的時候，我們並不會撼動狂熱主義的根本。我們只是不讓它從某一點跑出來，但結果很可能是讓它從別的裂縫中冒

出來。因此，好鬥的言辭人在攻訐既有的信念與衷誠的同時，會無意中在幻滅的群衆中創造出一種對信仰的饑渴。這是因爲，大多數人無法忍受生活的貧乏無聊，除非是有某些東西可以讓他們熱烈獻身，或有某種激情的追求可以讓他們隱埋自己。因此，不管那些對現行政權極盡冷嘲熱諷能事的言辭人初衷爲何，他們都會成爲一種新信仰的先驅。

眞誠的言辭人不需要靠絕對的信仰活下去。他把探索眞理的過程看得與眞理本身同等重要。他不會排斥思想上的衝突，也樂意參與一來一往的論辯。要是他提出一套哲學或學說，那主要是爲了展現才華和作爲思想演練，而不是要把它作爲行動綱領和信仰原則。固然，出於虛榮心，他們爲自己的學說辯護時會相當兇猛，但他訴諸的原則一般都是理性而非信仰。狂熱者和對信仰如飢似渴的群衆則反是，他們更喜歡給思辯加上神聖的光環，使之成爲一種新信仰的泉源。耶穌並不是基督徒，一如馬克思不是馬克思主義者。

總而言之，那些好鬥的言辭人會透過以下幾種方式爲群衆運動鋪平道路：㈠攻擊既有的信條與制度，使之威信盡失，不再受人民擁護；㈡在沒有信仰就不能活的群衆中創造一種信仰眞空，以致一個群衆運動起而宣揚某種新信仰時，幻滅了的群衆會振臂相迎；㈢爲新信仰提供主義與口號；㈣動搖「優秀者」——就是沒有信仰也可以活下去的人——的信念，讓他們在面對狂熱新信仰的興起時，沒有抵抗的能力——因爲看不出來爲任何信念與原則捐軀是有意義的，他們會不戰就向新秩序投降。㉒

一俟不敬神的知識份子把破壞工作完成，就會出現葉慈〈基督再臨〉（The Second Coming）一詩中的情況：

優秀者信仰盡失，而低劣者

激情澎湃。

他們深信天啓近在咫尺，

深信基督再臨㉓指日可待。㉔

至此，可供狂熱者表演的舞台已佈置就緒。

109 催生群眾運動的知識份子的悲劇根源在於，他們本質上都是些個人主義者

一個群眾運動的悲劇角色往往是為其前導的言辭人，又特別是那些活得夠久，眼看著舊秩序為群眾的行動所推翻的言辭人。

一般的印象是，群眾運動（特別是革命）之所以發生，是因為群眾下定決心要推翻腐化高壓的暴政，為自己贏得行動、言論與良心的自由。這種印象是言辭人對現政權不斷口誅筆伐所造成的。事實上，一個群眾運動所體現的自由，一般都比它們致力要推翻的舊秩序來得少。㉕對於這一點，論者往往作如下解釋：群眾運動的領導者在關鍵時刻劫持了運動，作為自己登上權力寶座的工具，群眾則受其欺騙，誤以為自由即將來臨。但這個解釋是不對的，因為在群眾運動的過程中，唯一被欺騙的只有言辭人。他們當初站起來對抗舊秩序，嘲笑它的不合理與無能，指責它的不合法和高壓政策，要求它給予個人自我表達和自我實現的自由。他們理所當然地認為，那些回應他們呼籲的群眾，渴望的是和

他們一樣的東西。然而，群衆渴望的其實不是自我表達和自我實現的自由，而是擺脫自主存在這個不能承受之重的負擔的自由。他們想要擺脫「自由選擇的可怕負擔」（杜思妥也夫斯基語）。㉖他們不想要良心的自由，只想要信仰——盲目、獨裁的信仰。他們推倒舊秩序，不是爲了創造一個由自由、獨立的個人組成的社會，而是要建立一個齊頭劃一、沒有個人性可言的完全統一體。舊政權讓群衆不滿的不是它的邪惡，而是它的軟弱；不是它的壓迫性，而是它無法把人們敲打成一個堅固有力的整體。言辭人打動群衆之處不在於他們揭示出現秩序的卑劣，而是在揭示出它無可救藥的無能。一個群衆運動所取得的直接結果，往往就是群衆渴求的結果。他們沒有被騙。

催生群衆運動的知識份子的悲劇根源在於，不管他們有多麼謳歌群體行動，本質上都是些個人主義者。他們相信有個人幸福可言，相信個人判斷和原動力的重要性。但一個群衆運動一旦成形，權力就會落入那些不相信也不尊重個人者之手。他們會得勢，主要不是因爲漠視個人讓他們敢於冷酷無情，而是因爲他們的態度和群衆的激情是完全一致的。

110 如果狂熱者是魚，混亂就是水

即使各種條件成熟，也只有狂熱者才能使一個群眾運動孵化成形。沒有他，言辭人所激起的不滿情緒將不會有方向感，只能漫無目的地宣洩，很容易就可以鎮壓下來。沒有狂熱者的領導，已經提出來的改革即使十分徹底，仍然動不了舊生活方式的一根毫毛，而政府方面即使有任何改變，也不過意味著權力從一批行動人轉移給另一批人。沒有狂熱者，大概就不會有一個新開始。

等舊秩序開始瓦解，那些一直焚香祝禱這一天早日來臨的言辭人反而會害怕起來。乍見無政府的混亂狀態，他們就會嚇得不知所措。他們會忘了自己爲「貧窮單純民眾」所說過的一切話，而跑去求助於強有力的行動人——親王、

將軍、行政官、銀行家、地主這一類懂得怎樣應付烏合之衆、怎樣阻遏混亂怒潮的人。

狂熱者卻不是這個樣子。如果狂熱者是魚，混亂就是水。當舊秩序開始崩潰，他會全力攪和進來，對可憎的「現在」施以猛烈無情的打擊。他爲一個世界突然走到末日而雀躍不已。讓改革見鬼去吧！現存的一切對他來說都是垃圾，而改革垃圾是了無意義的。對自己一心一意製造的混亂狀態，他有一個自圓其說的解釋：沒有破壞就不會有建設。他會把怕事的言辭人推到一邊，不過還是會繼續宣揚言辭人提出的主張和口號。只有他一個人知道群衆內心深處的渴望：渴望聯合、渴望團結、渴望在一個莊嚴雄偉的有力整體中分解掉該死的個體。「未來」高於一切，在運動內外迷戀「現在」的人都合該受詛咒。

111 大部份的納粹頭子都有藝術和文學上的野心，卻沒有實現的能力

狂熱者是打哪兒來的？大部份來自沒有創造力的言辭人中間。言辭人內部有一個重要分野：一是創造慾望得到滿足者，一是創造慾望得不到滿足者。有創造力的言辭人，不管他對既有秩序的批評和嘲諷有多猛烈，都是依戀著「現在」的。他的激情在於改革而非摧毀。如果一個群衆運動能始終爲他掌控，就會被導向一個溫和的方向。他發起的改革會是表面的，不會讓日常生活的運轉突然中斷。但這只有在群衆的行動還沒有失控的情況下才有可能（群衆的行動會沒有失控，這或者是因爲舊秩序不經鬥爭即行退讓，或者是因爲混亂甫一開始言辭人就與強有力的行動人結盟）。但如果對舊秩序的鬥爭呈現熾烈混亂的局面，而且只有憑藉堅強團結和自我犧牲才可望取得勝利時，那些有創造力的言辭人就會被推到一邊，權力會落入沒有創造力的言辭人手上。後者乃是一些狂熱鄙夷「現在」的人。㉗

那種渴望寫一部鉅著、畫一幅名畫、設計一座雄偉建築而又知道自己一輩

子都辦不到的人，只要是生活在安定的社會，就不會得到內心的寧靜。他認為自己的人生已敗壞得無可挽回，而世界則已經亂了套。只有混亂狀態會讓他如魚得水。即使是服從或施加一種鐵的紀律，他也只是把這紀律當成帶來永遠變動不居狀態的工具。只有在投身於變動中，他才會有自由感，才會覺得自己在成長在發展。因為永遠無法與自己的自我取得和諧，所以他害怕確定，害怕固定的秩序。馬拉（Marat）㉘、羅伯斯比爾、列寧、墨索尼里和希特勒都是由無創造力言辭人蛻變為狂熱者的。菲爾埃克（Peter Viereck）指出，大部份的納粹頭子都有藝術和文學上的野心，卻沒有實現的能力。希特勒試過繪畫和建築，戈培爾寫過戲劇、羅森貝格（Rosenberg）試過建築和哲學、希拉赫（von Schirach）寫過詩、豐克（Funk）試過音樂、施特賴謝爾（Streicher）試過繪畫。「他們大部份都是失敗者——不只從世俗的成敗標準衡量是這樣，從他們自己的藝術標準衡量也是這樣。」他們的藝術野心「本來要比他們的政治野心深邃得多；是他們人格不可分的一部份。」㉙

有創造力的言辭人會覺得自己跟一個激烈運動的氣氛格格不入。讓人頭暈目眩的變遷會腐蝕他的創造力。只要他的才華還沒有枯竭，他就不會把滿足感寄託在領導百萬人和取得勝利上。結果就是，當一個運動全速開動以後，他不是會自動退出就是會被推到一旁。再者，由於真正的言辭人是不會願意長時間壓抑自己的批判意識，日子一久，他無可避免會扮演起異端角色。因此，除非他能適時與操實權的行動人聯合起來或早早壽終正寢，他的最後下場很可能是引退、被放逐或遭到槍決。

112 沒有外敵可以摧毀時，同一陣營的狂熱者就會以彼此為敵

對一個群眾運動的發展來說，狂熱者的危險處在於他永遠靜不下來。一旦取得勝利，新秩序開始成形，狂熱者就可能會成爲一個亂源。強烈情緒的滋味會驅策他去尋找尚未揭示的奧祕和尚未打開的神祕門戶。他會不斷走向極端。因此，大部份群眾運動在取得勝利的第二天，就會發現自己出現內部傾軋。前一天在與外部敵人生死鬥爭中獲得發洩的激情，現在會透過鬥爭自己人來宣洩。憎恨成了一種習慣。沒有外敵可以摧毀時，同一陣營的狂熱者就會以彼此爲敵。希特勒本身是個狂熱者，所以對黨內那些反對他的狂熱者的心理狀態有精準判斷。一九三四年清算掉勒姆（Röhm）以後，他在寫給新任衝鋒隊隊長的任命狀中指出，那些無法靜下來的份子「沒有了解到，他們已經把虛無主義當成終極的信仰……他們只能在陰謀活動中得到內心的安寧，在不斷企圖破壞既有的秩序中獲得滿足。」⑳希特勒對德國內外敵人的分析常常是一種自我披露，這段話也不例外。事實上，他一直都把虛無主義奉作他的「終極哲學與告別詞」㉛，

尤以人生最後一段日子爲然。

若放任狂熱者自行其是，他們有可能會分裂出去，對運動本身構成威脅。即使狂熱者沒有製造不和，他們仍會對運動構成危害，因爲他會迫使運動去做一些不可能達成的事。只有務實的行動人介入，一個群衆運動才可望保有它既已取得的成果。

務實的行動人

The Practical Men of Action

113 用失意者的憤懣情緒作為建築一個新世界的灰泥

一個群衆運動一般都是由言辭人爲前驅，由狂熱者實現，再由行動人加以鞏固。

如果這三種角色由不同的人相續擔任，對一個群衆運動來說通常都有好處；而一個群衆運動想要長久存在，大概更是非如此不可。群衆運動若是從開始到成熟都是由同一個人或同一批人領導，往往不會有好下場。納粹和法西斯運動就是從頭到尾都是由一個人領導，所以下場淒慘。讓納粹運動走向敗亡的，乃是希特勒的狂熱無法抑制、無法扮演務實的行動人有以致之。要是希特勒死於一九三〇年代中葉，則像戈林這樣的行動人無疑將會掌權，這樣的話，納粹運動說不定可以繼續生存下去。

人的性格當然是有可能改變的。一個言辭人有可能變成眞正的狂熱者或務實的行動人。然而，有各種證據顯示，這種變形往往是一時的，或遲或早他們又會變回原來的類型。托洛斯基本質上是個言辭人：虛榮心重、才氣煥發，而且是個徹頭徹尾的個人主義者。帝俄的突然崩潰和列寧的堅強意志把他拉進了狂熱者的陣營。內戰期間，托洛斯基又表現出他是個無與倫比的組織者與將軍。但到內戰結束，局勢緩和下來以後，他再度回復言辭人的本性。他不冷酷也沒有猜疑心，信賴言辭的力量多於權力的力量，所以最後只能被狡獪的狂熱者史達林推到一邊。

史達林是狂熱者和行動人的結合體，但狂熱者的成份佔優勢。他犯下的重大錯誤（如消滅富農，清黨，與希特勒簽訂互不侵犯條約，粗暴地限制作家、藝術家和科學家的創作自由），都是狂熱者的表現。在狂熱者史達林當權期間，俄國人鮮能享受到「現在」的快樂滋味。

希特勒也是如此。他主要是個狂熱者，而他的狂熱損害了他以行動人身份取得的很多傑出成就。

當然也有像林肯、甘地、小羅斯福、邱吉爾和尼赫魯一類卓越的領袖，不過爲數甚少。他們不遲疑於利用人的饑渴和恐懼去團結人民，使他們願意爲一件神聖偉業拋頭顱、灑熱血。但不同於希特勒和史達林，甚至不同於路德和喀爾文㉜的是，他們並不打算用失意者的憤懣情緒作爲建築一個新世界的灰泥。這些卓越領袖的自信來自對人類的信心，因爲他們知道，一個人除非尊敬人類，否則就不會受人類尊敬。

114 真正的行動人意不在更新世界，而在擁有它

行動人可以把群衆運動從自取滅亡的分裂和狂熱者魯莽的行動中挽救回來。但他的出現，往往標誌著一個群衆運動活力期的終結。與「現在」的戰爭過去了。眞正的行動人意不在更新世界，而在擁有它。活力階段的生命力來自對抗和徹底改革的渴望，但最後階段關心的主要是制度化和維繫業已贏得的權力。

隨著行動人的出現，該運動生龍活虎的活力會被封存到制度化的機構裡面。一個宗教運動會凝結為僧團系統和一些儀式；一個革命運動會凝結為偵查和行政的機構；一個民族主義運動會凝結為一些政府和愛國主義的機構。一個教會的建制化意味著復興精神的終結；一個成功革命所建立的制度會讓革命的心態和行事方法被取締；一旦一個國家建立或復興，其政府機構會讓沙文主義的好鬥性銷聲匿跡。這些機構把群眾行動凍結成固定的模式。制度化集合體的成員被期望同心戮力，但他們卻必然更像是鬆散的組合而非自發的融合。他們的團結只能來自對各制度本身的忠誠。自動自發會受到猜疑，謹守職分會被看成比熱烈獻身更高的價值。

115—行動人用以鞏固和維繫新秩序的方法是折衷性的

當一個行動人接管了一個得勢的群衆運動以後，其首要關心是把成員的團結性和自我犧牲精神維持下去。他的理想是一個緊密無間和無懈可擊的整體，可以自行運作。要達到這個目標，他不能依靠熱情，因爲熱情是短暫的。說服手段的效果同樣缺乏保證。因此，他會傾向於倚重強制手段。他覺得「所有人都是蠢才」之說不及「所有人都是懦夫」來得眞確，所以他會贊同梅納德爵士（Sir John Maynard）所說的：新秩序應該建立在人的脖子上而不是心坎裡。㉝眞正的行動人不是信仰人（men of faith），而是法律人（men of law）。

儘管如此，信仰與自發性在運動初期所發揮過的重大作用，仍然會讓他記憶猶新。因此，他還是會在新的機構裡保持信仰的門面，並繼續不間斷進行熱烈的宣傳，哪怕他依賴的主要是強制手段。他的命令都會用虔誠的語彙加以包裝，往日的綱領和口號仍然會掛在嘴邊。信仰的象徵物高高掛起，備受尊崇。運動早期階段發揮過作用的言辭人和狂熱者會被奉爲聖徒。這樣，就會營造出信徒的服從是出於信仰和自發的假象。他也會盡全力把新秩序說成是早期鬥爭所追求的理想的輝煌實現。

行動人用以鞏固和維繫新秩序的方法是折衷性的。他取法的對象不論遠近，無分友敵。他甚至會向舊秩序取經，抄襲很多舊秩序用以維持穩定的方法，因而不知不覺地建立起與過去的連貫性。這階段的一大特徵是會出現一個絕對的獨裁者，但之所以會這樣，並不純粹是當權者嗜權，也是一種蓄意採用的策略。極端獨裁看來在一個組織的誕生階段和衰落階段都是最容易出現的，因爲它可以讓尚未定形的東西定形，或讓行將解體的東西暫時穩住。例如，「教皇無錯誤說」是伊斯里奈烏斯（Irenaeus）㉞在教皇初創期提出的，但到了一八七〇年，也就是教皇制度看來搖搖欲墜的時候，庇護九世（Pius IX）又把它重提一遍。

因此，由一個行動人所建立的秩序是一種拉雜拼湊之物。例如，史達林治下的俄國就是由布爾什維克主義、沙皇制度、民族主義、泛斯拉夫主義、獨佔資本主義雜湊而成。希特勒的第三帝國則集民族主義、種族主義、普魯士軍國主義、法西斯主義、布爾什維克主義、日本神道主義、天主教成份和古代希伯來信仰於一身。基督宗教的情況也類似，它在經歷最初幾世紀的內部衝突和分裂後，凝固成了一個專制的教會，其成份也是新舊雜陳和從敵友兩方面抄襲而來。例如，它的科層制度是模仿羅馬帝國的官僚系統，儀式部份則吸取了古代信仰採自古代禮儀，發展出絕對領袖制度，並用盡一切方法把所有生命與權力的成份吸收進來。㉟

116—一個群眾運動的活躍階段結束，就會變成是成功者的權力工具和失意者的鴉片

群衆運動到了行動人手中之後，就不再是逃避個人生存苦惱和負擔的人的避難所，而是一變而為野心家自我實現的工具。到了這個階段，它會對那些有事業野心的人發揮強大吸引力，而有事業野心的人紛紛投效，也會激烈改變這個群衆運動的性格，帶來它與「現在」的和解。早在納粹黨還嗷嗷待哺時，希特勒已經洞悉群衆運動的特質，並提出警告說，一個群衆運動想要始終保持活

力，就絕不能提供任何「現在」的好處，而只能鼓勵追隨者嚮往「後代子孫眼中的光榮和聲望」。希特勒指出，一旦群眾運動被一些喜好功名利祿者入侵，它「的『使命』就壽終正寢了」。㊱

到了這個階段，群眾運動仍然會對失意者下工夫：但不是去煽動他們的不滿，使之繼續與「現在」作殊死鬥爭，而是千方百計使他們與「現在」和解，變得忍耐而柔順。這時候，群眾運動會提供失意者遙遠的希望、夢想與願景㊲。等一個群眾運動的活躍階段結束，它就會變成是成功者的權力工具和失意者的鴉片。

良性與惡性的群眾運動

Good and Bad Mass Movements

積極階段的黑暗與貧瘠

117 在社會激情處於高張力的階段，少有可供人沈思和反省的餘地

本書探討的主要是群衆運動的積極階段——由「忠實信徒」形塑和主導的階段。在這個階段，各類型的群衆運動往往會流露出一些共同特徵，而那是我們前面概述過的。不過，不管一個群衆運動的本來目標有多麼崇高或最後結果有多麼造福人群，但在積極階段，它卻必然會表現出一些讓人不快（如果不是說邪惡）的特點。作爲這階段人格化身的狂熱者一般都是那類不討人喜歡的人。他冷酷無情、自以爲是、輕信、好辯、心胸狹窄、粗野無禮。他隨時準備好爲

他的神聖偉業而犧牲親屬朋友。讓一個群衆運動擁有不可抵抗力量的是成員的絕對團結與自我犧牲精神，但這兩樣東西，卻是以犧牲個人自主性中好些珍貴的成份而得來的。一個群衆運動，不管其信仰如何崇高、目標如何正大，只要它的積極階段爲時過久，就絕不會是良性的群衆運動，特別是這個運動已掌握了權力卻仍然繼續。那些被認爲比較良性的群衆運動——如宗教改革、清教徒運動、法國大革命、美國獨立革命，以及過去一百年來的許多民族主義運動——它們的積極階段歷時都比較短。不過，只要一個群衆運動還是處於積極階段中，它就或多或少會帶有狂熱者的色彩。像甘地一類能夠造福人民和人類的群衆運動領袖，不僅懂得如何發動一個群衆運動，還知道應該在什麼時候結束其積極階段。

若是一個群衆運動歷好幾代人之後還保留其積極階段的作風（中世紀的教會就是如此），或因透過持續的狂熱宣教而使其正統得到不斷強化（伊斯蘭教就是這樣㊳），那結果就會是一個停滯的黑暗時代。要是我們能在一個群衆運動中找到某些眞正的創造性，那這種創造性幾乎總是出現在積極階段之前或之後的階段（後者更常見）。若一個群衆運動的積極階段不是持續得太久，也沒有太多流血和破壞的話，那在它結束之後（特別是結束得很突然的話），往往會尾隨一個創造力勃發的階段。這一點，看來不管對以成功收場的群衆運動（荷蘭革命）還是以失敗告終的群衆運動（清教徒革命）都可以成立。導致這種文化復興的，並不是一個群衆運動的理想主義或熱情，而是集體束縛的突然鬆綁和個人得以從盲信的窒息氣氛中解放出來。有時候，人們會有創作的衝動，乃是爲了塡補一件過去了的神聖事業所留下的空虛。㊴

積極階段本身是很貧瘠的。托洛斯基深知這一點，所以才會說：「在社會激情處於高張力的階段，少有可供人沈思和反省的餘地。在革命的年代，九位繆思女神——哪怕是掌管史詩那位堅強而平庸的繆思——都幹得苦哈哈的。」㊵另一方面，拿破崙㊶和希特勒都大嘆他們的時代缺乏偉大的文學與藝術作品，未能與他們締造的豐功偉業互相輝映。他們都有所不知，積極階段的氣氛是會斲傷或窒息創造性的心靈的。米爾頓（Milton）早在一六四〇年已經詩才橫溢，寫就了《失樂園》（*Paradise Lost*）的草稿，但接下來二十年，他卻埋首撰寫政治性的小冊子，爲清敎徒革命辯護，在「喧鬧和嘶啞的爭辯海洋」㊷中蹚渾水。一直要等到清敎徒革命壽終正寢而他本人亦見棄於國人，他才終於寫出《失樂園》、《復樂園》（*Paradise Regained*）、《力士參孫》（*Samson Agonistes*）等名篇。

118｜狂熱者的盲目是他們力量的泉源，但也是他們智力貧瘠與情緒單調的原因

一個積極的群衆運動對創作活動的干擾極深遠，而且表現在許多方面：㈠群衆運動引發的激情會把原可用於創作的精力消耗殆盡；㈡它會要求創作活動爲運動的推進服務。舉凡文學、藝術和科學都必須有宣傳意義，必須具有「實用價值」。那些篤信的作家、藝術家或科學家不會是爲了自我表達、拯救自己靈魂或發現眞與美而創作。在他們自己看來，他們的任務是去警告、去規勸、去敦促、去謳歌和去責難。㈢當一個群衆運動打開了寬廣的行動領域（戰爭、殖民、工業化等），個人的創作精力會被進一步抽乾；㈣狂熱的心靈狀態本身就足以窒息各式各樣的創作工作。狂熱者因爲藐視「現在」而看不見生命的複雜性和獨一性。凡是足以激發創作靈感的事物，他都會認爲是微不足道和墮落的。「我們的作家必須排成密集的隊伍，齊步前進，凡是離隊跑到路邊去採摘野花的人都是逃兵。」蘇俄作家西蒙諾夫（Konstantine Simonov）這番話，與許多

世紀以來的狂熱者之言相呼應。生活在西元一世紀的猶太拉比雅各（Jacob）這樣說：「一個人走在路上……不去學習《聖經》，而去讚嘆『這棵樹多美啊』或者說『這片犁過的田多美啊』……就是在戕害自己的靈魂。」㊸據說，明谷的聖伯爾納（St. Bernard of Clerveaux）可以一整天在日內瓦湖畔散步而看不見湖本身。英國大哲學家休姆（David Hume）在《藝術的淨化》（*Refinement of the Arts*）中提到一個僧人，「他因爲修道室窗外的景物十分優美，所以發誓不把頭轉向那邊。」狂熱者的盲目是他們力量的泉源（因爲他們看不見障礙），但也是他們智力貧瘠與情緒單調的原因。

另外，狂熱者因爲心態傲慢，所以也產生不出新的創見。他會傲慢，在於他深信人生和宇宙都遵循一個簡單的公式——他的公式。所以，他不會偶然停下來從事有益的探索，尋找新的反應、新的組合和新的開端。

119—納粹與共產黨得自於模仿的比得自於原創者為多

即使一個群衆運動流露出原創性，這些原創性一般也只是表現在應用和規模兩方面。一個群衆運動所利用的原則、方法和技術，往往是原創自該運動的外部，有的是過去的產物，有的迄今還被應用。所有積極的群衆運動莫不具備不害臊的模仿性（一種我們今天認爲日本人極其擅長的能力）。哪怕是在宣傳技術上，納粹與共產黨得自於模仿的也比得自於原創者爲多。他們促銷其神聖偉業的品牌的方法，跟資本主義廣告商促銷肥皂或香煙的方法沒有兩樣。㊹納粹和共產黨一些看來驚人的創新，也不過是借用（更精確地說是企圖借用）福特和杜邦等企業家的經營方法來經營一個幅員龐大的帝國。把共產實驗的成功歸功於非共產世界中不受拘束的創造力，大概不是胡說。克里姆林宮的理論家曾經說過，資本主義滅亡以前理當可以與共產主義共存一段長時間。這些厚顏者以爲他們這樣說是一個慷慨的讓步。事實上，要是共產世界之外沒有自由社會的存在，他們大概會發現有必要下諭旨建立。

120——自由與個體性的式微就是文明的式微

一般而言，一個目標具體而有限的群衆運動，其積極階段之持續時間，比一個目標朦朧而不確定的群衆運動要短。極端主義想要長期維持下去，模糊的目標大概是不可少的。英國政治強人克倫威爾說過：「沒有人會比不知道要去哪兒的人走出得更遠。」㊺

一個以推翻獨裁統治或抵抗外來侵略或振衰起蔽而發動的群衆運動，一俟鬥爭結束或改革接近完成，自然會走到終結。相反的，要是一個群衆運動追求的是完全團結和無私的理想社會——不管那是上帝之城（City of God）、共產黨的地上王國還是希特勒的戰士國家——那麼運動的積極階段就不會自動終結。凡是在團結和自我犧牲被認爲是社會正常運作不可或缺的地方，日常生活不是往往會被宗教化（即任何一般事務都會被說成是神聖偉業的一部份），就是會被軍事化。不管是兩種情況中的何者，積極階段所發展出來的模式都會傾向於固定下來，永遠維持下去。在十九世紀下半業的普遍樂觀氣氛中，布克哈特和雷南是極少數意識到來臨中的千禧年㊻暗藏兇險的人。布克哈特預見到一個軍事化的社會：「我有一個聽起來極為愚蠢的預感，但它卻在我心中盤桓不去：軍事化的國家必然會變成一間大工廠……每天有軍鼓催你起床，催你休息。」㊼雷南的洞見要更深遠。他感覺得到社會主義行將成為西方的宗教，而因為那是一種世俗的宗教，所以也勢將導致政治和經濟的宗教化。他也害怕天主教會因為迎戰這種新宗教而復興起來。「讓我們戰慄吧。就在這個時候，一種未來的宗教恐怕正在形成中，但我們卻不是它的一部份！……輕信有其深邃的根源。在天主教的合謀下，社會主義說不定會帶回一個新的中世紀，隨之而來的是野蠻與教會當道，自由與個體性的式微——換言之就是文明的式微。」㊽

一個追求高遠理想的群眾運動固然常常會引起長時期的擾攘和暴亂，但稍稍讓人安慰的是，會有這種後果的，往往只是幅員廣大、人口異質化程度高的地方。基督宗教和伊斯蘭教情況固然都是如此，法國、俄國和納粹的革命亦可作為佐證。以色列這個小國所推行的集體農場計畫和斯堪地納維亞半島諸小國已經順利完成的社會化方案都在在表明，一個同質性偏高的小國用不著營造狂熱氣氛或採取高壓手段，一樣可以締造理想社會。一個小國因為害怕浪費寶貴的人力資源，抵抗外侮的迫切需要，以及人民親如一家的感覺，都促使它們用不著宗教化和軍事化手段就能高度團結。如果能把所有極端性的社會實驗留給一些同質性高的小國家進行，說不定會是西方之福。大量生產產業所使用的實驗工場（pilot plant）原則，也許可以用來作為實現社會進步的手段。小國可以提供大國一張光明未來的藍圖，這樣的事是有先例可援的：西方的宗教、文化和文明的基本元素，就是得自於近東、希臘和義大利的小城邦。

群衆的特質和一個群衆運動的積極階段的長短還有另一層關聯。日本、俄國和德國之所以容許一個積極的群衆運動漫無止境地持續下去而看不到有反對者，是因爲這些國家在現代群衆運動興起以前，其人民已習慣於服從和鐵的紀律多個世紀了。列寧看得出來俄國群衆的服從性對他極爲有利：「你怎能拿西歐人民來跟我們的人民相比？後者是那麼有耐性和習於艱苦。」㊾任何讀過史塔葉夫人（Madame de Staël）一百年前論德國國民性的言論，都不會不明白德國人爲什麼是造就無了期群衆運動的好材料：「德國人的服從性極其旺盛。他們會用哲學推理去解釋世界上最不哲學的東西，會尊敬力量，並因爲恐懼而把這種尊敬轉化爲仰慕。」㊿

說一個有自由傳統的國家不會出現史達林或希特勒之流是沒有根據的。較有根據的說法是：在有自由傳統的國家，希特勒或史達林之流要取得政權也許不難，但權力要長久保持卻難上加難。所謂自由的傳統就是反抗的傳統，而在一個經濟明顯改善的地方，自由的傳統幾乎是一定會被活化的。就像第四五節所述，在俄國，反抗史達林的人是無所歸屬的，所以也缺乏抵抗高壓的能耐。

但在有自由傳統的國家，反抗高壓的個人並不會覺得自己是孤立的原子，而會自認爲屬於一個強有力的族類——是具有強力反抗精神的祖先的子嗣。

122 領袖的人格特質是左右群眾運動性格與長短的一個關鍵因素

領袖的人格特質大概是左右群衆運動性格與長短的一個關鍵因素。林肯和甘地都是優異罕有的領袖，而他們的不凡處除了表現在努力遏止群衆運動固有的邪惡面，也表現在願意於群衆運動的目標或多或少實現後把它終結。能夠讓「權力陶冶出高貴與恢弘靈魂」51的人寥寥無幾。共產運動的積極階段之所以如此漫長，主要是史達林的中世紀心靈和斯拉夫部落殘酷作風有以致之。去猜測列寧要是能多活一、二十年則俄國革命今天會是什麼樣子，是徒勞無益的。不過，一般認爲，列寧人格中的野蠻成份不如史達林或希特勒顯著（以古希臘哲學家赫拉克利圖〔Heraclitus〕的話來說，這兩個人的獸性讓我們的眼和耳成了「人類邪惡的見證」）。史達林按自己的喜好捏塑他的接班人，所以接下來幾十年，俄國人大概不能指望生存環境有什麼改變。清教徒革命在克倫威爾死後結束，而羅伯斯比爾的死則標誌著法國大革命積極階段的終結。要是希特勒在一九三〇年代就死去，納粹運動在戈林的領導下，取向說不定會有根本的改變，而第二次世界大戰也就不是不可避免。然而，作爲一種新宗教，讓納粹主義繼續生存下去，其流毒說不定比大戰造成殘暴、流血和破壞還要毒。

一個群衆運動始創時的作風，對於其積極階段的長短和終結時的形態都會有影響作用。以宗教改革、清教徒革命、美國獨立革命、法國大革命和許多民族主義運動爲例，它們的積極階段都相對要短，並在形成一個尊重個人自由的社會秩序後落幕。這些例子都呈現運動初期的情緒和榜樣對其後來的發展有影響。所有這些運動都是起於爲了推翻一個建立已久的權威。目標愈明確，人們對目標的記憶會愈清晰，而個人自由在最後抬頭的可能性亦愈大。反觀基督宗教初興時卻沒有這樣明確的反抗目標。它並不是要推翻一個國王、一個特權階級、一個國家或一個教會。基督宗教固然有它的殉教者，但這些殉教的個人卻不是爲了整個世界的利益而向趾高氣昂的權勢揮拳咆哮。㊾大概就是因爲這個緣故，基督宗教的專制秩序才能歷十五個世紀而沒有受到重大挑戰。基督徒的心靈枷鎖最終在文藝復興的義大利獲得解放，但其動力不是來自基督宗教早期的歷史，而是得自希臘─羅馬時代一些獨立、桀驁的個人的榜樣啓迪。伊斯蘭教和日本集體主義的興起，同樣不是發自反抗精神，所以哪怕是今天，兩者都還看不到有眞正個人解放的跡象。德國的民族主義亦復如此：它不像大多數西方國家的民族主義那樣，是爲激烈反抗某種既有勢力而發，而是從一開始就處於普魯士軍隊的卵翼之下。㊿德國個人自由的種籽並非民族主義，而是新教。宗教改革、清教徒革命、美國獨立革命、法國大革命和許多民族主義運動都是由莊嚴正大的個人反抗揭開序幕，所以它們參與者對目標的記憶會歷久彌新。

從這個角度看，個人自由終必會在俄國抬頭，大概不是完全沒有希望的。

124 徹頭徹尾的無神論者比對宗教問題漠不關心的世俗人更值得尊敬

在「忠實信徒」眼中，沒有任何信仰的人是沒有骨氣和個性的，不值一哂。另一方面，不同陣營的「忠實信徒」儘管勢同水火，恨不得掐住對方咽喉，然而卻不敢小覷對方的力量。希特勒把布爾什維克視爲旗鼓相當的對手，並下令任何參加過共產黨的人如果願意歸順，都可馬上加入納粹黨。同樣的，史達林也認爲只有納粹德國和日本人值得他尊敬。即便狂熱的宗教人士和激進的無神論者也並非互不欣賞。其理由，杜思妥也夫斯基筆下的狄杭主教有過很好的解釋：「徹頭徹尾的無神論者比對宗教問題漠不關心的世俗人更值得尊敬……完全的無神論者僅差一步就會是個宗教信仰無比熱誠的人……但對宗教問題漠不關心的人除恐懼以外沒有任何信仰。」㊿

我們這個時代的所有「忠實信徒」——不管是共產主義者、納粹黨員、法西斯份子、日本人還是天主教徒——都異口同聲指責西方民主國家的頹廢墮落。他們論點的核心是說民主制度會讓人變得太過軟弱、太愛享樂、太自私，不願意爲國家或上帝或任何的神聖偉業赴死。他們說，缺乏赴死精神正是民主國家已經腐爛到核心的表徵。民主國家業已老朽、腐敗和衰敗，斷不是行將分土封王、信仰彌堅、雄風凜凜的忠實信徒集團的對手。

這種指控有一點點道理，但以胡說八道的成份居多。正如第四三節指出過的，人們會願意團結行動和自我犧牲，乃是一種群衆運動現象。在和平時期，民主國家乃是一些自由個人的制度性結合。不過，一旦一個民主國家的生存受到威脅，它就勢必要人民團結起來，在他們心中激起最大的自我犧牲精神；換言之，在非常時期，一個民主國家必須把自己轉化得肖似一個好戰的教會或革命政黨。這個宗教化的過程雖然常常是困難和緩慢的，卻不涉及什麼深遠的改變。「忠實信徒」指證歷歷的「墮落」，事實不是一種有機性的衰敗。照納粹的說法，德國在一九二〇年代是衰敗的，但在一九三〇年代卻雄壯威武。這只是天方夜譚，因爲短短十年時間想要在一個千百萬人口中引發文化上的重大改變都是不可能的，更遑論引發生物性的改變了。

但有一點倒是眞的：在像希特勒所身處的時代，一個國家是不是能在短時間內發動一場群衆運動，是攸關生死的。把人民宗教化的能力是民主國家領袖的必須才具之一，哪怕他用得著這種本事的時候並不多。大概同樣眞確的是，過於言必有據和實事求是的人是不勝任國家領袖之職。在一個民主國家的日常生活中，有需要有某些素質，讓它可以在危機時期迅速達成宗教化。這些素質，可說是一個國家的潛在能量。赫拉克利圖說過：「讓人一切渴望得到滿足，對他大概不是可喜之事。」這個說法，對個人和對國家來說一樣成立。當一個國家不再有強烈熱望或是它的理想都是具體和有限的事物時，它潛在的能量就會受損。只有擁有一個無止境的目標，一個國家才能保持其潛在能量。這個目標並不需要多崇高。即便只是追求生活水準不斷提高這樣平庸的目標，也僅夠一個國家保持相當好的潛在能量。英國人的理想是當個鄉村紳士，法國人的理想是退休後優游自在，而這兩個目標都是具體而有限的。英、法兩國目前之所以進取性降低，大概與國民願望的侷限性不無關係。反觀美國人、俄國人和德國人的理想都是不明確而又沒有底線的。

125 狂熱是一種靈魂的疾病

如本書第一節所示，群衆運動往往有助於喚醒和振興一個停滯的社會。縱然我們不能主張群衆運動是達成復興唯一有效的工具，但從俄國、印度、中國、阿拉伯世界乃至西班牙的例子顯示，在幅員廣大而異質性高的社會，復興和革新所不可少的廣泛激情和熱忱，大概只有群衆運動可以創造和維持。即使是小而同質性高的社會，如果想要在短期間達成復興，群衆運動看來同樣是不可少的。中國過去一百年來的大不幸，大概就是因爲群衆運動（太平天國和孫中山領導的革命）衰落得太快或太早被捻熄。中國沒有能夠產生史達林、甘地或凱默爾這樣的人，讓一個群衆運動得以持續到讓改革生根的程度。西班牙哲學家加塞特（Ortega y Gasset）認爲，一個國家要是無法產生扎實的群衆運動，就反映

出這國家具有種族上的缺陷。談到祖國西班牙時，他說：「民族智慧上的表現一直是萎縮狀態，從來不曾有過正常發展。」㊺

假如一個政府長期昏聵無能，那由一個強有力的群衆運動把它推翻（哪怕此舉需要犧牲許多生命和財富），看來要比讓它自行傾圮崩潰爲佳。有力的民衆運動往往是一個注入活力、更新和整合的過程。凡是容許政府慢慢傾圮的地方，往往會陷於停滯不前，趨於凋謝——也許是無可挽回的凋謝。由於言辭人在群衆運動初起時總是扮演關鍵角色㊻，因此看起來，一個社會要保持生氣，是少不了一小群高教養而能言善辯之士戮力。另一方面，言辭人又不應該與現政權保持太密切的關係。東方社會的長期停滯是很多原因造成的，但最重要的其中一個原因，無疑是多個世紀以來，讀書人不但寥寥無幾，而且幾乎總是統治階層的成員——不是官員就是僧侶。

西方國家在殖民地建立的教育機構具有助長革命的效果，前文已有談及。㊼令人好奇的是，印度能夠產生甘地或尼克魯之類的人，到底主要是因爲印度文化本身的優越性，還是因爲印度長時間處於英國的控制之下。在民族復興的進程中，外來影響力似乎是一個主導因素。例如，阿拉伯文化會在穆罕默德時代復興，猶太教和基督宗教居功匪淺。歐洲人從中世紀的停滯狀態覺醒，外來的影響力——希臘—羅馬文化和阿拉伯文化——亦曾起過作用。俄國、日本和好幾個亞洲國家的復興，西方的影響力扮演了積極角色。但需要強調的是，外來影響力並不是以直接的方式發揮作用。使一個社會發生震撼，從而自停滯狀態中甦醒的，並不是外國風俗、習慣、思考及行事方式引入的結果。外來影響力的作用，主要是在一個原來沒有言辭人的地方創造一批言辭人，或是在已經有言辭人的地方誘導他們與既有的體制決裂。然後，這些言辭人會透過對既有秩序的攻擊，爲可以帶來社會復興的群衆運動鋪好路。易言之，外來影響力只是整個連鎖過程的最初一環，而最後一環則往往是一個群衆運動：能震撼一個社會，使之從停滯狀態甦醒的，就是這個群衆運動。以阿拉伯文化爲例，外國影響力的作用即在於讓穆罕默德這個言辭人疏離於麥加的既有體制。穆罕默德發起了一個群衆運動（伊斯蘭教），震撼了阿拉伯世界，並使之團結起來。在文藝復興時代，外來影響力（希臘—羅馬文化和阿拉伯文化）促進了一群與教會無關的言辭人的出現，也使許多傳統的言辭人疏離於當權的天主教體制。其結果就是宗教改革的出現，使歐洲從昏睡狀態驚醒。在俄國，歐洲的影響力（包括馬克思主義）切斷了知識份子階層對羅曼諾夫王朝的忠誠，而最後引發出的布爾什維克革命至今還在進行中，力求把龐大的莫斯科帝國煥然一新。在日本，對外來影響力發生感應的不是言辭人，而是一群行動人，其中包括明治天皇。這些務實的行動人具有彼得大帝（他本身也是行動人）所沒有的遠見，所以成功地做到他所做不到的事。他們知道，單是引入外國的習俗與方法不足以振衰起弊，也無法在短短幾十年間扭轉國家歷時數世紀的停滯落後。他們認識到宗教化是這麼史無前例的一件大業中不可缺的動力。於是，他們發動了現代最奏效的群眾運動之一。這運動的各種弊端本書已屢有說明，但要不是靠它，是不是還有其他方法可以達成日本達成過的那樣驚人偉業，令人懷疑。在土耳其，外部影響力作用於一個行動人的身上。他就是凱默爾，而整個連鎖過程的最後一環就是一個群眾運動。

英國遺傳學家哈爾登（J. B. S. Haldane）說過，狂熱主義是公元前三千年至公元一四〇〇年之間人類眞正重要的四大發明之一。⑱那是一種猶太教—基督宗教的發明。說來不可謂不奇怪，狂熱既是一種靈魂的疾病，卻又是一種可以讓社會和國家振衰起弊、死而復生的神奇工具。

註釋

①〔譯註〕作者這裡所說的「言辭人」大體是指知識份子，而他所說的「心有不平」或「好鬥」的「言辭人」，則是指魯迅一類揭發社會黑暗、批評腐敗政府不遺餘力的知識份子。

②見第一〇六節的各例子。

③ G. E. G. Catlin, *The Story of the Political Philosophers*（New York: McGraw-Hill Book Company, 1939）, p. 633.

④〔譯註〕梯也爾為法國歷史學家與政治家，第三共和之首任總統；雷米薩為法國作家兼政治家，他是梯也爾的擁護者，曾任外長。

⑤ Quoted by Alexis de Tocqueville, *Recollections*（New York: Macmillan Company, 1896）, p. 331.

⑥〔譯註〕德國社會主義運動主要發言人，馬克思的門徒。

⑦ Multatull, *Max Havelaar*（New York: Alfred A. Knopf, Inc., 1927）, Introduction by D. H. Lawrence.

⑧ Bertrand Russell, *Proposed Roads to Freedom*（New York: Blue Ribbon Books, 1931）. Introduction, p. viii.

⑨ Henry Thoreau, *Walden*, Modern Library edition（New York: Random House, 1937）, p. 70.

⑩路德是在寫給美因茲大主教的信中提到這個的。

⑪ Quoted by Jerome Frank, *Fate and Freedom*（New York: Simon and Schuster, Inc., 1945）, p. 281.

⑫同上書，頁一三三。

⑬"Reformation," *Encyclopaedia Britannica.*

⑭ René Fülöp Miller, *Leaders, Dreamers and Rebels*（New York: The Viking Press, 1935）, p. 85.

⑮ Ernest Renan, *Antichrist*（Boston: Roberts Brothers, 1897）, p. 245.

⑯ Arnold J. Toynbee, *A Study of History*. Abridgement by D. C. Somervell（Toronto: Oxford University Press, 1947）, p. 423.

⑰ Carlton J. H. Hayes, *The Historical Evolution of Modern Nationalism*（New York: R. R. Smith, 1931）, p. 294.

⑱〔譯註〕德國觀念論哲學家，著有《對德意志民族的演講》，鼓吹德意志統一。

⑲〔譯註〕奧地利猶太人，猶太復國主義創始者。

⑳〔譯註〕指甘地，他年輕在南非工作時曾一再因爲不是白人而受辱。

㉑ Pascal, *Pensées*.

㉒一個荷蘭銀行家在一九一四年這樣說：「我們不想成爲烈士的心理並不比大部份想壯烈成仁的現代人強。」轉引自 Demaree Bess, "The Bitter Fate of Holland," Saturday Evening Post, Feb. 1, 1941.

㉓〔譯註〕基督宗教認爲，基督再臨會帶來千福年，但在千福年展開前世界會先經歷一次大崩壞。這裡的「基督再臨指日可待」側重於「世界大崩壞指日可待」之義。

㉔ William Butler Yeats, "The Second Coming," *Collected Foems*（New York: Macmillan Company, 1933）.

㉕見第二七節。

㉖ Fëdor Dostoyevsky, *The Brothers Karamazov*, Book V. Ckap. 5.

㉗見第三七節。

㉘〔譯註〕法國大革命時期最激進一派的代表人物。

㉙Peter Viereck, *Metapolitics*（New York: Alfred A. Knopf, 1941）, pp. 156 and 170.

㉚Hans Bernd Gisevius, *To the Bitter End*（Boston: Houghton Mifflin Company, 1947）, pp. 121-122.

㉛H. R. Trevor-Roper, *The Last Days of Hitler*（New York: Macmillan Company, 1947）, p. 4.

㉜路德和喀爾文兩人都「志在建立一個比天主教會更強有力、更獨裁、更苛求、更不倦於迫害異端的新教會權威。」

㉝John Maynard, *Russia in Flux*（London: Victor Gollancz, Ltd., 1941）, p. 19.

㉞〔譯註〕二世紀的基督宗教神學家。

㉟John Addington Symonds, *The Fine Arts* "Renaissance in Haly" series（London: Smith, Elder & Company, 1906）, pp. 19-20.

㊱Adolph Hitler, *Mein Kampf*（Boston: Houghton Mifflin Company, 1943）, p. 105.

㊲見第二五節。

㊳見第八五節。

㊴米爾頓（Milton）和班揚（Bunyan），凱斯特勒（Koestler）和西洛內（Silone）都是箇中例子。

㊵Leon Trotsky, *The History of the Russian Revolution*（New York Simon and Schuster, Inc., 1932）. Preface.

㊶「拿破崙寫信問他的警察廳長，爲什麼帝國境內看不到文學作品的欣欣向榮，又說他樂於看到文學

的欣欣向榮。」

㊷"John Milton," *Encyclopaedia Britannica.*

㊸ Pirke Aboth, *The Sayings of the Jewish Fathers*（New York: E. P. Dutton & Company, Inc., 1929）, p. 36.

㊹ Eva Lips, *Savage Symphony*（New York: Random House, 1938）, p. 18.

㊺ Quoted by J. A. Cramb, *The Origins and Destiny of Imperial Britain*（London: John Murray, 1915）, p. 216.

㊻〔譯註〕指二十世紀。

㊼ In a letter to his friend Preen, Quoted by James Hastings Nichol in his introduction to the English translation of Jacob C. Burckhardt's *Force and Freedom*（New York: Pantheon Books, 1943）, p. 40.

㊽ Ernest Renan, *History of the People of Israel*（Boston: Little Brown & Company, 1888-1896）, Vol. V. p. 360.

㊾ Angelica Balabanoff, *My Life as a Rebel*（New York: Harper Brothers, 1938）, p. 281.

㊿ Quoted by W.R. Inge, "Patriotism," *Nineteen Modern Essays*, ed. W. A. Archbold（New York: Longmans, Green & Company, 1926）, p. 213.

51 John Maynard, *Russia in Flux*（London: Victor Gollancz, Ltd 1941）, p. 29.

52「基督徒對當道者的反抗，其精神要有過於英雄主義，但本身卻不是英雄主義。」

53 德軍在耶拿（Jena）敗於拿破崙後，興登堡（Hardenberg）對普魯士國王建言說：「王上陛下，我們必須自上而下發起法國人自下而上發起過的事（譯註：指民族主義）。」

54 Fëdor Dostoyevsky, *The Possessed*, Modern Library edition（New York: Random House, 1936）, p. 698.

55 José Ortega y Gasset, *The Modern Theme*（New York: W. W. Norton & Company, 1931）, p. 128.

56 見第一〇四節及其後幾節。

57 見第一〇四節。

58 J. B. S. Haldane, *The Inequality of Man*（New York: Famous Books, Inc., 1938）, p. 49.

內容簡介

政治運動、革命運動、社會運動、宗教運動、民族主義運動其實是一家人？納粹主義、共產主義、法西斯主義、法國大革命、太平天國起事、清教徒革命、早期的伊斯蘭教和基督宗教改革、印度獨立運動、猶太復國運動……其實都有相同的特質？因為，「所有群眾運動都會激發起其追隨者赴死的決心和團結行動的意願；不管它們宣揚的主張或制定的綱領為何，所有群眾運動都會助長狂熱、激情、熱望、仇恨和不寬容；所有群眾運動都能夠從生活的某些部門釋放出強大的動能；它們全都要求信徒盲從和一心一意效忠。」

本書是研究群眾運動本質的經典，作者賀佛爾（Eric Hoffer）生長於美國經濟大恐慌時期，一九四〇年代在舊金山碼頭當搬運工時利用餘暇，以自身與「弱者、窮人、被壓迫者、被剝奪者、邊緣人、游離份子」為伍的早年生活歷練，寫出了《狂熱份子》此一饒富創見之作，而自艾森豪總統在電視上引用過書中的話以後，它更是成了暢銷書。

這部見解深遠、極富挑釁的作品，深入狂熱份子的心靈，也詳盡探討什麼因素可以讓一些個人結合為緊密無間的集體，例如：什麼人比較容易成為狂熱份子？群眾運動一般是透過哪些方法讓人成為狂熱份子？狂熱份子除狂熱外，又會表現出什麼其他心理傾向？……他以蒙田式的散文筆法，簡潔有韻律的警句風格，如暮鼓晨鐘般提醒著我們事情的本質。

「當我們在一個群衆運動中喪失了自我獨立性，我們就得到一種新自由——一種無愧無疚地去恨、去恫嚇、去凌虐、去背叛的自由。」賀佛爾如是說。而這本研究群衆運動的聖經之所以風行半個多世紀，對理解今日世界的處境仍然貼切適用，是否正因爲人們失去了自我，使得歷史一再重演？

作者

賀佛爾（Eric Hoffer）

一九〇二年生於紐約市，七歲時突然雙眼失明，因此從未入學就讀。十五歲時又奇蹟式地恢復視力，因爲害怕再度失明，每天花八至十個小時拚命讀書。二十歲時遷到洛杉磯的貧民區，一住十年。他在餐廳打過工，當過流動農場的散工和淘金者，但仍一有空就跑到圖書館看書。珍珠港事變爆發後，他到舊金山當碼頭搬運工人，一做就是二十五年。由於深入底層社會的生活，他的許多觀念都是在工作中形成的，餘暇時飽覽群籍，深思方興未艾的社會主義運動與納粹風暴，以及自身參與街頭運動的經驗，分析群衆運動的心理因素和發展形態。

生平著作超過十本，《狂熱份子》（*The True Believer*）是他第一本和最著名的作品，自艾森豪總統在電視上引用過書中的話以後，它更是成了暢銷書；其他著作有《激情心靈狀態》（*The Passionate State of Mind*）、《變遷的磨難》（*The Ordeal of Change*）、《我們時代的脾性》（*The Temper of Our Time*）等，曾多次獲美國國家圖書獎。一九八二年雷根總統頒贈總統自由獎章，翌年逝世，享年八十一歲。

譯者

梁永安

台灣大學文化人類學學士、哲學碩士。曾譯有《孤獨》、《四種愛》、《Rumi：在春天走進果園》、《永恆的哲學》、《耶穌行蹤成謎的歲月》、《隱士》、《英雄的旅程》、《在智慧的暗處》、《下一個基督王國》、《史尼茨勒的世紀》、《文化與抵抗》、《狂熱份子》（皆立緒文化出版）。

編輯

馬興國

中興大學社會系畢業；資深編輯。

立緒文化全書目-1

序號	書名	售價	序號	書名	售價
A0001	民族國家的終結	300	B0026	柏拉圖	195
A0002	瞄準大東亞	350	CA0001	導讀榮格	230
A0003	龍的契約	300	CA0002	孤獨	350
A0004	常識大破壞	280	CA0003	Rumi 在春天走進果園（平）	300
A0005-1	2001 年龍擊	280	CA0003-1	Rumi 在春天走進果園（精）	360
A0006	信任	350	CA0004 ★	擁抱憂傷	320
A0007	大棋盤	250	CA0005	四種愛	200
A0008	資本主義的未來	350	CA0006	情緒療癒	280
A0009-1	新太平洋時代	300	CA0007-1	靈魂筆記	400
A0010	中國新霸權	230	CA0008	孤獨世紀末	250
B0001	榮格	195	CA0009	如果只有一年	210
B0002	凱因斯	195	CA0010	愛的箴言	200
B0003	女性主義	195	CA0011	內在英雄	280
B0004	弗洛依德	195	CA0012	隱士	320
B0005★	史蒂芬・霍金	195	CA0013	自由與命運	320
B0006	法西斯主義	195	CA0014	愛與意志	380
B0007	後現代主義	195	CA0015	長生西藏	230
B0008	宇宙	195	CA0016	創造的勇氣	210
B0009	馬克思	195	CA0017	運動：天賦良藥	300
B0010	卡夫卡	195	CA0018	意識的歧路	260
B0011	遺傳學	195	CA0019	哭喊神話	350
B0012	占星學	195	CA0020	權力與無知	320
B0013	畢卡索	195	CB0001	神話	360
B0014	黑格爾	195	CB0002	神話的智慧	390
B0015	馬基維里	195	CB0003	坎伯生活美學	360
B0016	布希亞	195	CB0004	千面英雄	420
B0017	德希達	195	CB0005	英雄的旅程	400
B0018	拉岡	195	CC0001	自求簡樸	250
B0019	喬哀思	195	CC0002	大時代	480
B0020	維根斯坦	195	CC0003	簡單富足	450
B0021	康德	195	CC0004	家庭論	450
B0022★	薩德	195	CC0005-1	烏托邦之後	350
B0023	文化研究	195	CC0006★	簡樸思想與環保哲學	260
B0024	後女性主義	195	CC0007★	認同・差異・主體性	350
B0025	尼采	195	CC0008	文化的視野	210

立緒文化全書目-2

序號	書　名	售價	序號	書　名	售價
CC0009	世道	230	CD0001	跨越希望的門檻（平）	280
CC0010	文化與社會	430	CD0001-1	跨越希望的門檻（精）	350
CC0011	西方正典（上）	320	CD0002	生命之不可思議	230
CC0011-1	西方正典（下）	320	CD0003★	禪與漢方醫學	250
CC0012	反美學	260	CD0004	一條簡單的道路	210
CC0013-1	生活的學問	250	CD0005	慈悲	230
CC0014	航向愛爾蘭	260	CD0007	神的歷史	460
CC0015	深河	250	CD0008	教宗的智慧	200
CC0016	東方主義	450	CD0009	生生基督世世佛	230
CC0017	靠岸航行	180	CD0010	心靈的殿堂	350
CC0018	島嶼巡航	130	CD0011	法輪常轉	360
CC0019	衝突與和解	160	CD0012	你如何稱呼神	250
CC0020-1	靈知・天使・夢境	250	CD0013	藏傳佛教世界	250
CC0021-1	永恆的哲學	300	CD0014	宗教與神話論集	420
CC0022	孤兒・女神・負面書寫	400	CD0015★	中國傳統佛教儀軌	260
CC0023	烏托邦之後	350	CD0016	人的宗教	400
CC0024	小即是美	320	CD0017	近代日本人的宗教意識	250
CC0025	少即是多	360	CD0018	耶穌行蹤成謎的歲月	280
CC0026	愛情的正常性混亂	350	CD0019	宗教經驗之種種	420
CC0027	鄉關何處	350	CD0020	黑麋鹿如是說	350
CC0028	文化與帝國主義	460	CD0021	和平的藝術	260
CC0029	非理性的人	330	CD0022	下一個基督王國	350
CC0030	反革命與反叛	260	CD0023	超越的智慧	250
CC0031	沉默	250	CE0001	孤獨的滋味	320
CC0032	遮蔽的伊斯蘭	320	CE0002	創造的狂狷	350
CC0033	在文學徬徨的年代	230	CE0003	苦澀的美感	350
CC0034	上癮五百年	320	CE0004	大師的心靈	480
CC0035	藍	300	CF0001	張愛玲	350
CC0036	威瑪文化	340	CF0002	曾國藩	300
CC0037	給未來的藝術家	320	CF0003	無限風光在險峰	300
CC0038	天才、狂人與死亡之謎	390	CF0004	胡適	400
CC0039	王蒙自述：我的人生哲學	280	CF0005	記者：黃肇珩	360
CC0040	日本人論	450	CF0006	吳宓傳	260
CC0041	心靈轉向	260	CF0007	盛宣懷	320
CC0042	史尼茨勒的世紀	390	CF0008	自由主義大師以撒・柏林傳	400

立緒文化全書目-3

序號	書　名	售價	序號	書　名	售價
CF0009	顧維鈞	330	D0006	莊子（解讀）	320
CF0010	梅蘭芳	350	D0007	老子	230
CF0011	袁世凱	350	D0009-1	西方思想抒寫	250
CF0012	張學良	350	D0010	品格的力量	320
CF0013	一陣風雷驚世界	350	D0011	全球倫理與宗教對話	250
CF0014	梁啓超	320	D0012	西方人文速描	250
CF0015	李叔同	330	D0013	台灣社會文化典範的轉移	280
CF0016	梁啓超和他的兒女們	320	D0014	傅佩榮解讀莊子	499
CF0017	徐志摩	350	D0015	親愛的總統先生	250
CF0018	康有爲	320	D0016	傅佩榮解讀老子	300
CF0019	錢　穆	350	D0017	傅佩榮解讀孟子	380
CF0020	林長民・林徽因	350	E0002	空性與現代性	320
CF0021	弗洛依德傳 1	360	E0003-1	生命實理與心靈虛用	250
CF0022	弗洛依德傳 2	390	E0004	文化的生活與生活的文化	300
CF0023	弗洛依德傳 3	490	E0005	框架內外	380
CG0001	人及其象徵	360	E0006	戲曲源流新論	300
CG0002	榮格心靈地圖	250	E0007	差異與實踐	260
CG0003	夢：私我的神話	360	E0008	天啓與救贖	360
CG0004	夢的智慧	320	E0009	辯證的行旅	280
CG0005	榮格與占星學	320	E0010	科學哲學與創造力	260
CH0001	田野圖像	350	E0011	宗教、道德與幸福的弔詭	230
CI0001-1	農莊生活	300	F0001	大學精神	280
CJ0001	回眸學衡派	300	F0002	老北大的故事	295
CJ0002	經典常談	120	F0003	紫色清華	295
CJ0003	科學與現代世界	250	F0004	哈佛經驗：如何讀大學	280
CK0001	我思故我笑	160	F0005	哥大與現代中國	320
CK0002	愛上哲學	350	F0006	百年大學演講精華	320
CK0003	墮落時代	280	T0001	藏地牛皮書	499
CK0004	在智慧的暗處	250	T0002	百年遊記 1	290
CK0005	閒暇：文化的基礎	250	T0003	百年遊記 2	290
D0001	傅佩榮解讀論語	380	T0004	上海洋樓滄桑	350
D0002	哈佛學者	380	T0005	我的父親母親－父	290
D0003-1	改變中的全球秩序	320	T0006	我的父親母親－母	290
D0004	知識份子十二講	160	Z0001	心象風景（寄賣）	900
D0005	莊子（原著）	200	Z0002	讀書筆記	80

線上購書可享八折優惠。購書滿四九九元即可免郵資寄送，未滿四九九元請另加郵資工本費五十元（限台灣地區）。另有套書優惠，請參閱立緒文化網址：http://www.ncp.com.tw。因版權授權關係，加★書籍絕版

國家圖書館出版品預行編目資料

狂熱份子：群眾運動聖經／賀佛爾（Eric Hoffer）著；梁永安譯.－初版.－臺北縣新店市：立緒文化，2004（民93）

面；　公分.（新世紀叢書．文化：141）

譯自：The True Believer：thoughts on the nature of mass movements

ISBN 986-7416-07-4（平裝）

1.群眾運動　2.社會心理學　3.社會參與

541.773　　　　93016758

狂熱份子 The True Believer

出版——立緒文化事業有限公司
作者——賀佛爾（Eric Hoffer）
譯者——梁永安

發行人——郝碧蓮
總經理兼總編輯——鍾惠民
主編——曾蘭蕙
業務經理——許純青
行政組長——林秀玲
行銷組長——劉健偉
事務組長——劉黃霞
地址——台北縣新店市中央六街 62 號 1 樓
電話——(02)22192173
傳真——(02)22194998
E-Mail Address: service@ncp.com.tw
網址：http://www.ncp.com.tw
劃撥帳號——1839142-0 號　立緒文化事業有限公司帳戶
行政院新聞局局版臺業字第 6426 號

行銷代理——紅螞蟻圖書有限公司
電話——(02)27953656　傳真——(02)27954100
地址——台北市內湖區舊宗路二段 121 巷 28-32 號 4 樓
排版——伊甸社會福利基金會附設電腦排版
印刷——祥新印刷股份有限公司

法律顧問——敦旭法律事務所吳展旭律師
　　　　　　國際通商法律事務所黃台芬律師

分類號碼——541.00.001
ISBN 986-7416-07-4
出版日期——中華民國 93 年 10 月初版　一刷(1～5,000)

定價◎280 元 

立緒文化事業有限公司 信用卡申購單

■信用卡資料

信用卡別（請勾選下列任何一種）

□VISA □MASTER CARD □JCB □聯合信用卡

卡號：______________________

信用卡有效期限：______年______月

身份證字號：______________________

訂購總金額：______________________

持卡人簽名：______________________（與信用卡簽名同）

訂購日期：______年______月______日

所持信用卡銀行：______________________

授權號碼：______________________（請勿填寫）

■訂購人姓名：______________________ 性別：□男□女

出生日期：______年______月______日

學歷：□大學以上□大專□高中職□國中

電話：______________________ 職業：______________________

寄書地址：□□□

____

■開立三聯式發票：□需要 □不需要（以下免填）

發票抬頭：______________________

統一編號：______________________

發票地址：______________________

■訂購書目：

書名：______________、______本。書名______________、______本。

書名：______________、______本。書名______________、______本。

書名：______________、______本。書名______________、______本。

共______________本，總金額______________________元。

◉請詳細填寫後，影印放大傳真或郵寄至本公司，傳真電話：（02）2219-4998

信用卡訂購最低消費金額為一千元，不滿一千元者不予受理，如有不便之處，敬請見諒。

年度好書在立緒

1995 聯合報
讀書人最佳書獎

1998 聯合報
讀書人最佳書獎

1999 聯合報讀書人
中央日報最佳書獎

1999 聯合報讀書人
中央日報最佳書獎

1999 中國時報
開卷十大好書獎

1999 聯合報
讀書人最佳書獎

2000 聯合報讀書人
中央日報最佳書獎

2001 聯合報
讀書人最佳書獎

2001 博客來網路
年度十大選書

2001 中央日報
最佳書獎

2002 聯合報
讀書人最佳書獎

2002 聯合報
讀書人最佳書獎

2002 中國時報
開卷十大好書獎

2002 中央日報
最佳書獎

2003 聯合報
讀書人最佳書獎

大積文化 閱讀卡

姓　名：

地　址：□□□

電　話：（　　）　　　　　　　　傳 眞：（　　）

E-mail：

您購買的書名：＿＿＿＿＿＿＿＿＿＿＿＿＿＿＿＿＿＿＿＿＿＿

購書書店：＿＿＿＿＿＿市（縣）＿＿＿＿＿＿＿＿＿＿＿書店

■您習慣以何種方式購書？

□逛書店 □劃撥郵購 □電話訂購 □傳真訂購 □銷售人員推薦
□團體訂購 □網路訂購 □讀書會 □演講活動 □其他＿＿＿＿

■您從何處得知本書消息？

□書店 □報章雜誌 □廣播節目 □電視節目 □銷售人員推薦
□師友介紹 □廣告信函 □書訊 □網路 □其他＿＿＿＿＿＿

■您的基本資料：

性別：□男 □女　婚姻：□已婚 □未婚　年齡：民國＿＿＿年次

職業：□製造業 □銷售業 □金融業 □資訊業 □學生
□大眾傳播 □自由業 □服務業 □軍警 □公 □教 □家管
□其他＿＿＿＿＿＿＿＿＿＿＿＿＿＿＿＿＿＿＿＿

教育程度：□高中以下 □專科 □大學 □研究所及以上

建議事項：

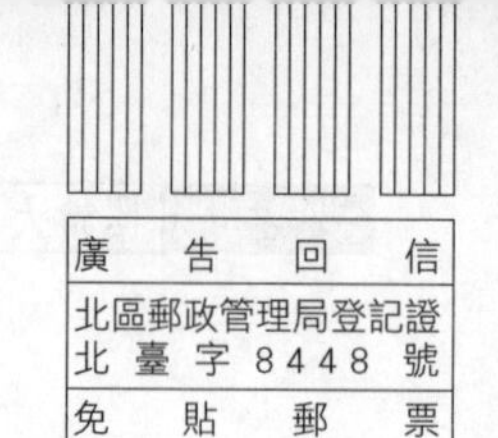

立緒文化事業有限公司 收

台北縣 2 3 1

新店市中央六街62號一樓

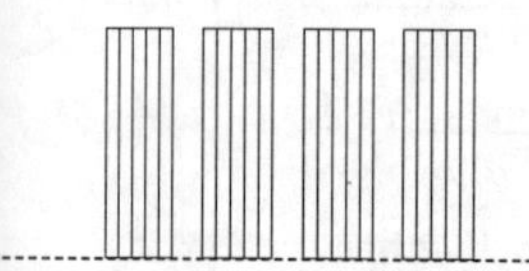

請沿虛線摺下裝訂，謝謝！

立緒文化 閱讀卡

感謝您購買立緒文化的書籍

為提供讀者更好的服務，現在填妥各項資訊，寄回閱讀卡（免貼郵票），或者歡迎上網至 http://www.ncp.com.tw 入立緒文化會員，可享購書優惠折扣和每月新書訊息。